존 넬슨 다비의
죽음 이후
영혼의 상태

Originally published under the title of
"What is Death?, What Death is to the Christian,
The State of the Soul after Death,
Death for a Christian: Three Letters to a Mother and Her Daughter,
Dr. Farrar on Everlasting, Damnation and Hell"
by John Nelson Darby
Copyright©Les Hodgett, Stem Publishing
7 Primrose Way, Cliffsend, Ramsgate, Kent, U.K.

Korean translation copyright
ⓒ 2012 by Brethren House, Korea
All rights reserved

존 넬슨 다비의 죽음 이후 영혼의 상태
ⓒ형제들의 집 2012

초판 발행 • 2012.5.26
지은이 • 존 넬슨 다비 ㅣ 옮긴이 • 이 종 수
발행처 • 형제들의집
판권ⓒ형제들의집 2012
등록 제 7-313호(2006.2.6)
Cell. 010-9317-9103
홈페이지 http://brethrenhouse.co.kr
카페 cafe.daum.net/BrethrenHouse
ISBN 978-89-93141-50-4 03230

＊값은 뒤표지에 있습니다.
＊잘못된 책은 바꿔드립니다.
＊서점공급처는 〈생명의말씀사〉 입니다. 전화(02) 3159-7979(영업부)

존 넬슨 다비의
죽음 이후 영혼의 상태

죽음 이후 신자의 영혼은 어떻게 되는가?

신자의 영혼은 어디로 가는가?

존 넬슨 다비 지음 | 이종수 옮김

형제들의 집

차례

역자 서문 • 그리스도인의 죽음에 대한 묵상과 소고 • 06

제 1장 • 죽음이란 무엇인가? • 09

제 2장 • 그리스도인에게 죽음은 무슨 의미인가? • 20

제 3장 • 죽음 이후 영혼의 상태 • 30

제 4장 • 딸을 잃은 어머니에게 보내는 세 통의 편지 • 51

제 5장 • 영원한, 형벌, 그리고 지옥 • 61

역자 후기 • 72

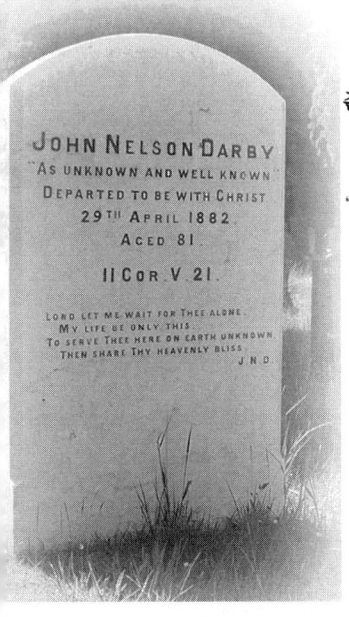

존 넬슨 다비의 묘비명

"무명한 자로 살고자 했으나 유명한 자로 생을 마감하다."

주님, 오직 주님만을 사모하게 하소서.
나의 삶은 오직 이것만을 위해 존재할 뿐입니다.
이 땅에서는 무명으로 주님을 섬기게 하시고,
저 천국에선 주의 천상의 복을 누리게 하소서.

- J.N.D

역자 서문

그리스도인의 죽음에 대한
묵상默想과 소고小考

최근 몇몇 성도들의 죽음을 대하면서 몇 가지 상념에 빠지게 되었습니다. 어떤 성도의 죽음은 천국에 대한 참된 소망을 일으켰고, 또 어떤 성도의 죽음은 깊은 상실감으로 인한 상념에 잠기게 했습니다. 동일한 죽음 앞에서 왜 이처럼 다른 모습과 양상이 나타나는 것일까요?

신앙적으로 말해서, 죽음은 우리를 사랑하사 자기 목숨을 내어주심으로써 자기의 피 값으로 우리를 구원해주신 주님을 만나러 가는 것이기에 기쁜 일입니다. 하지만 감정적으로 말해서, 죽음은 사랑하는 사람과 이별하는 고통을 감내하는 일이기도 합니다.

그렇지만, 어떤 경우엔 죽음에 대한 공포 또는 죽음에 대한 무지에서 오는 두려움이 우리의 마음을 내리 누르고 있기도 합니다.

그래서 그런지 막상 가족의 죽음 앞에서는 신앙적으로 대응하기보다는 감정적으로 대응하기가 쉽습니다.

이처럼 극과 극에 놓인 죽음에 대한 이해와 해석은, 막상 당해보지 않은 사람은 이해할 수도 없고, 해결할 수도 없는 미스테리로만 남아 있어야 할까요? 아니면 보다 더 좋은 길이 있을까요?

이 책은 이러한 바램 속에서 잉태되었습니다. 죽음은 과연 우리 그리스도인들에게 어떻게 다가올 것인가? 죽음 이후 우리 영혼은 어떠한 상태에 놓이게 되는가? 과연 죽음 이후 우리 영혼은 잠에 빠져들 것인가? 아니면 주님과의 생생한 조우遭遇의 기쁨을 나눌 것인가?

그래서 역자는 교회 역사상 19세기 영적 거성으로 불린 존 넬슨 다비는 그리스도인의 죽음에 대해서 어떻게 가르쳤으며, 죽음을 맞이하고 있는 그리스도의 양무리들을 어떠한 말로 위로했을까? 에 대해서 관심을 가졌고, 다비의 글을 옮기게 되었습니다. 그리고 그리스도인의 죽음에 대한 다비의 탁월한 가르침에 흥분했습니다.

이 책은 이렇게 존 넬슨 다비의 죽음과 관련된 여러 편의 소논문을 모아 엮은 것입니다. 이 책을 옮기면서 다비의 영성 깊은 설명을 접하면서, 흥분하고 감동하고 위안을 받고, 그리고 죽음 너머에 있는 그리스도인의 복된 소망으로 전율했습니다. 이에 독자들에게도, 우리 하나님께서 여러분이 바라고 소원하는 것 이상으로 풍성하도록 넘치는 하늘의 위로를 주시기를 빕니다.

이제 그 모든 결과를 은혜로우신 주 예수 그리스도와 사랑의 하나님 아버지와 성령의 교통하심에 맡깁니다. 독자 여러분 모두의 영혼에 신령한 복이 깃들기를 기도합니다.

역자 이 종 수

* 일러두기: 글이 시작되는 부분에 있는 숫자는, 다비의 글을 편집한 편집자가 독자들을 안내하기 위해서 표시해둔 것입니다. 원서를 참고하기 원하는 독자들을 위해서 숫자를 표기하였으니, 원서와 대조해서 보는 기쁨을 누리시길 바랍니다.

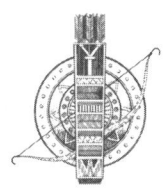

제 1장
죽음이란 무엇인가?

What is Death?

302

불신자들에게 죽음만큼 끔찍한 것은 없다. 그렇다면 죽음은 그야말로 또는 성경에서 말한 대로 "무서움의 왕"이라고 불릴 만하다. 불신자들은 첫 번째 아담의 범죄와 사법적으로 연결되어 있다. 그 이상 무엇이 있을까? 죽음은 단지 동물적인 본질에 대한 것만이 아니라, 물론 그것도 사실이기는 하지만, 더욱 사람의 도덕적 본질과 연관되어 있다. 그 사실이 더욱 죽음을 무서운 것으로 만든다. 사람이 소유하고 있는 집, 그의 생각, 그의 전 존재와 관련된 모든 것이 끝장나고 영원히 멸망을 당한다. "그의 호흡이 끊어지면 흙으로 돌아가서 그 날에 그의 생각이 소멸하리로다"(시

146:4)

　따라서 죽음이 오면 모든 희망, 모든 프로젝트, 모든 생각과 계획이 끝이 난다. 그 모든 것들의 원천이 사라지는 것이다. 살아 움직이며 존재하는 모든 것이 끝이 난다. 그리고 더 이상 아무 것도 아닌 것이 된다. 자신의 전 생애를 바쁘게 만들었던 것도 더 이상 그와 아무 관계가 없어진다. 그 자신은 없고 존재하지 않게 된다. 그 사람과 관계된 모든 것들이 더 이상 그와 아무런 관계가 없어진다. 죽음을 다스리는 왕이 자신의 권리를 주장하게 되면, 아무런 저항도 할 수 없고 무기력하게 이끌려 갈 수 밖에 없다. 이 사실은 모든 존재하는 것들을 절망으로 빠뜨린다. 그렇다면 사람은 실로, 이 세상에서 살아가는 중에도 여전히 아무 것도 아닌 상태로 빠져들어 가는 것이다. 어째서 그런가? 죄가 세상에 들어왔고, 죄가 들어오면서 양심이 살아나고, 죄와 더불어 사탄의 권세가 활개를 치게 되었기 때문이다. 죄가 있다면 하나님의 심판이 있다. 죽음은 이러한 모든 것의 실현이며 또한 증인이다. 사망은 죄의 삯(대가)이며, 양심에 일으키는 무서움이며, 우리를 억압하는 사탄의 권세이다. 사탄은 사망의 권세를 가지고 있다. 그렇다면 하나님은 우리를 도우실 수 있는가? 아아, 안타깝게도 죽음은, 또한 죄에 대한 하나님의 심판이다. 죽음은 죄가 모른 척 그저 지나칠 수 없는 문제라는 강력한 증거이며, 또한 하나님의 심판에 대한 증거로서, 우리 양심에 무서움과 재앙을 일으키는 강력한 도구이다. 범죄한 죄인은 다가오는 하나님의 법정에서 자신의 범죄를 입증하고 심판을 선고받을 것을 생각하며 두려움에 떤다. 어떻게 죽음은 이리도 두려운 것일 수가 있는가? 그것은 첫째 아담의 타락과 파멸과 정죄에 대한 최종 결론이기 때문이다. 첫째 아담에 속한 사람은 옛 본성 외에는 아무 것도 없다. 그는 하나님 앞에서 산 자로서 (as a living man) 존재할 수 없다. 그는 죄인이기에, 죽음이 이미 그 이마에 기록되어 있다. 따라서 죄인은 스스로 자신을 구원할 수 없다. 그는 전적으로 유죄이며 정죄를 받았다. 그리고 심판이 오게 되었다. 하지만 그리스도께서 오셨다. 그리고 그리스도는 죽음을 맛보셨다. 생명의 주께서 죽음을 맛보셨다니, 이 얼마나 놀라운 진리인가! 그렇다면 이제 신자에게 죽음이란 무엇일까?

독자들이여, 이제 이처럼 놀랍고 말로 형용할 수 없는 하나님의 개입이 가지고 있는 힘을 느껴보자. 우리는 이미 죽음이 가지고 있는 다양한 측면, 즉 인간의 절대적인 연약, 인간 존재의 파멸, 사탄의 권세, 하나님의 심판, 그리고 죄의 대가인 점을 살펴보았다. 이 모든 것은 첫째 아담과 연결되어 있다. 첫째 아담에 속한 사람은 누구나 죄로 인해서 죽음과 심판에 처해 있다. 우리는 죄의 이중적인 특징을 살펴보았다. 첫째, 인생을 몰락으로 이끄는 강력한 힘이며, 둘째, 하나님의 심판에 대한 증인이자 또한 집행관이다. 그리스도는 우리를 위해서 죄가 되셨다. 그리스도는 죽음 속으로 들어가셨고, 사탄의 권세와 하나님의 심판을 통과했다. 죽음을 초래한 그 모든 것들이 이제는 그리스도를 통해서 모두 다 만족이 되었다.

303

하나님의 심판은 심판의 날이 오기도 전에 그리스도를 통해서 성취되었다. 죄의 삯인 죽음이 지불되었다. 영혼에 두려움을 일으키던 모든 것들이 신자인 우리에겐 그 권세를 완전히 상실했다. 이것은 장차 물리적인 사실로도 입증될 것이다. 전적으로 그리스도는 사망의 권세를 없이 하셨다. 그리스도를 믿는 우리 모두는 다 잠 잘 것이 아니요 장차 모두가 다 변화될 것이다. 사도 바울은 우리가 바라는 것은 벗고자 함이 아니요 덧입고자 하는 것이니, 이는 죽을 것이 생명에 삼킨 되게 하려는 것이라고 말했다 (고후 5:4). 그것이 바로 우리가 얻은 그리스도 안에 있는 생명이 가지고 있는 힘이다.

죽음 또는 사망은 우리에게 그저 지나간 과거지사이지만, 그 이상의 의미가 있다. 사도 바울은 만물이 다 우리의 것이라고 말하면서 사망도 우리의 것이라고 말했다(고전 3:21,22). 찬송 받으실 주님이 나를 위해서 죽음 속에 들어가심으로써, 죽음과 심판조차도 나의 구원이 되었다. (죄의 삯을 포함해서) 죄가 죽음에 의해서 제거되었다. 나에 대한 심판이 거기서 이루어졌다. 죽음, 또는 사망은 더 이상 내 영혼에 두려움의 대상이 아니다. 죽음은 (하나님의) 진노의 상징이 아니라 오히려 (나를 향한 하나님의 복되고도 충만한) 사랑의 상징이자 증거이다.

왜 그런가? 그 이유는 그리스도께서 죽음을 통과하셨기 때문이다. 따라서 나를 정죄하던 율법의 권세로부터 나는 해방을 받아 자유롭게 되었다. 왜냐하면 율법은 사람이 살아 있는 동안에만 그를 주관하기 때문이다. 나는 이미 그리스도 안에서 율법을 향해 죽었다. 하나님은 죽음을 통해서, 죄와 심판 모두를 해결하셨다. 즉 죄가 없으신 그리스도께서 죄 있는 육신의 모양으로 오셨고, 첫째 아담 안에 있던 나의 전 존재가 가지고 있는 문제인 죄를 다루신 것이다. 그렇게 모든 죄 문제를 합법적으로 해결하셨다. 죽음을 통해서 옛 사람과 사탄의 권세, 그리고 옛 사람 또는 육신과 연결되어 있던 죄, 심판, 죽을 것 등을 단번에 영원히 해결하셨다. 나를 위해서 옛 사람에게 속한 모든 것을 짊어지신 그리스도를 통해서, 그리고 이제는 다시 살아나신 그리스도 안에서 나는 하나님 앞에 산 사람이 되었다. 하나님은 나를 위해서 옛 사람과 옛 사람에 속한 모든 열매와 결과들을 단번에 해결하셨고, 이제는 새 사람 안에서 새 사람에 속한 모든 열매와 결과를 맺게 하신다. 사탄의 손에 있는 사망의 권세도 이제는 무력화되었다. 이제는 죽음조차도 죽음에 속한 모든 것에서 나를 자유롭게 해줄 뿐이다.

첫 번째, 신자에게 정죄와 심판은 완전히 끝났다. 죽음이 주는 끔찍스러운 위협도 지나갔다. 우리는 그리스도의 죽음에 연합함으로써, 내가 아닌 다른 이(그리스도)를 통해서 오는 해방의 역사를 경험할 수 있게 되었다. 이것은 우리가 하나님의 의로움을 충족시킬 때 경험되는 것이다. 애굽인들을 멸망시킨 홍해의 바닷물은 이스라엘 백성들을 위해선 좌우 벽이 되어 주었고, 애굽을 완전히 벗어 날 수 있는 길을 만들어주었다. 하나님의 구원이 그곳에 임했다. 애굽인과 그 억압하던 권세는 홍해에 잠겼다. 이렇게 죽음은 우리에게 해방과 구원을 가져다주었다.

두 번째, 그렇다면 죽음은 실제적으로 우리에게 무엇인가? 그리스도의 부활의 능력 안에서 나는 다시 살리심을 받았다. 그리스도는 나의 생명이 되었다. 그렇다면 담대히 나는 이렇게 말할 수 있다. 즉 죽음을 통해서 나는 옛 사람의 생명을 내놓고, 새 사람의 생명을 취했노라고. 지금은 부활하신 그리스도께서 나의 생명,

곧 죽음을 통과한 생명이시다. 나는 나 자신을 죽은 자로 여긴다. 그렇다면 우리는 죄에 대해 죽어야 한다고 말해선 안된다. 옛 사람은 죄에 대해 죽지도 않을뿐더러 죽으려고 하지도 않는다. 새 사람에게는 죽어야 할 이유를 제공하는 죄가 없다. 우리는 그리스도의 죽음과 연합하여 죽은 자이기에, 우리 자신을 죽은 자로 여기도록 명령을 받았다. "이와 같이 너희도 너희 자신을 죄에 대하여는 죽은 자요 그리스도 예수 안에서 하나님께 대하여는 살아 있는 자로 여길지어다"(롬 6:11) 또한 골로새서 3장 3절은 "이는 너희가 죽었고 너희 생명이 그리스도와 함께 하나님 안에 감추어졌음이라"고 말한다. 그러므로 우리는 우리 속에 있는 새로운 생명의 능력과 우리 속에 거하시는 성령의 능력을 통해서 땅에 있는 우리 지체를 죽여야 한다. 나에겐 나 자신을 죽은 자로 여길 수 있는 권리가 있다.

실제로 새 사람의 갈망이 내 안에서 역사하고 있다면, 나에겐 죽는 것도 유익하다고 말할 수 있다! 그렇다. 이 어떠한 해방과 권능인가! 믿음에 속한 우리에게 죽는 것은 옛 사람이며, 나를 힘들게 하고 괴롭히던 죄악된 사람일 뿐이다. 하나님께 책임있는 존재로서, 과거에 우리는 하나님의 마음을 충족시켜 드릴 수 없었다. 사도 바울은 "우리가 육신에 있을 때에는 율법으로 말미암는 죄의 정욕이 우리 지체 중에 역사하여 우리로 사망을 위하여 열매를 맺게 하였더니"(롬 7:5)라고 말했다. 하지만 로마서 8장 9절에서는 "만일 너희 속에 하나님의 영이 거하시면 너희가 육신에 있지 아니하고 영에 있나니"라고 말했다. 육신은 하나님 앞에서 우리의 바른 자리가 아니다. 우리는 우리 자신을 잃어버린 자요 또한 육신 안에서 부패한 자임을 알고 있다. 그것이 바로 첫째 아담의 자리이며, 우리는 과거에 그 자리에 있었다. 율법이 그 자리에 있는 모든 사람에게 사망과 심판을 선고했다. 하지만 지금 나는 첫째 아담에 속해 있지 않다. 마지막 아담이신 그리스도에게 속해 있다.

율법의 규례에 대해서 사도 바울은 이렇게 말했다. "너희가 세상의 초등학문에서 그리스도와 함께 죽었거든 어찌하여 세상에 사는 것과 같이 규례에 순종하느냐?"(골 2:20) 믿음에 의하면, 우리는 죽었고 세상에 대해서 살아 있지 않다. 따라서 우리에게 엄습해 오는 시련과 고통과 슬픔도 유익한 것이다. 이 모든 것들은 우리가 죽었다는 사실을 우리 영혼에 참되고도 실제적인 것이 되게 해주며, 옛 사람으로부터 해방되었다는 것을 실제적인 경험이 되게 해준다. "사람의 사는 것이 이에 있고 내 심령의 생명도 온전히 거기 있[대]"(사 38:16) 이것은 옛 사람이 가지고 있는 교활하고도 속이는 영향력에서 벗어나 자유를 누리는 상태를 가리킨다. 삶 속에 일어나는 슬픔과 단절 등은 죽음이 우리 삶에게까지 미치는 영향력이다. 그렇다면 죽음은 무엇 또는 어디에 임하는 것인가? 바로 옛 사람에게 임하는 것이다. 그렇다면 모든 것이 다 유익하다.

305

세 번째, 만일 죽음이 사실상 임하는 것이라면 무엇의 죽음을 가져오는 것인가? 그것은 죽을 것, 즉 옛 사람의 죽음을 가져오는 것이다. 새로운 부활 생명이 죽을 수 있는가? 부활생명은 그리스도 안에서 이미 죽음을 통과했으며, 이것은 이미 우리에게 실체화 되었다. 새 생명은 죽을 수 없다. 새 생명은 그리스도이시다. 따라서 죽는다는 것은, 단순히 죽음에 넘겨지는 것이다. 영원히 살 수 없는 것이 사는 것을 멈추는 것이다. 우리는 몸으로 있을 때에는 주님과 따로 있다. 우리 몸은 영원히 살 수 없는 것, 죽을 것과 연결되어 있기 때문이다. 이 상태는 오래 지속되지 않을 것이다. 다만 우리가 세상을 떠나면 주님과 함께 있게 된다. 위대한 승리는 참된 믿음의 눈으로 보면 보인다. 우리는 곧 "영광의 몸"을 입게 될 것이다. 이것은 하나님의 능력에 속한 일이다. 하나님께 감사하자. 옛 사람이 다시 소생하는 것이 아니다. 우리 속에 거하시는 성령으로 인해서, 하나님은 우리 죽을 몸을 다시 살리실 것이다. 그리스도의 생명이 영광스러운 몸으로 나타날 것이다. 우리는 하나님의 아들의 형상으로 덧입을 것이다. 그래서 그리스도는 많은 형제들 가운데 장자가 되실 것이다. 이것은 신적인 권능의 결과로 성취될 것이다. 그때까지 죽음은 자유와 해방으로 들어가는 문일 뿐이다. 왜냐하면 새 생명을 가지고 있는 우리 그리스도인은, 우리 길을 방해하고 가로막던 옛 사람에게서 해방되어 자유를 얻은 존재이기 때문이다. 죽음은 우리를 그리스도와 함께 있게 해주는 역할을 한다. 이 얼마나 기쁘고 행복한 일인가! 일단 옛 사람과 새 사람의 차이를 분명히 알았다면, 우리가 그리스도 안에서 받은 새로운 생명과 옛 사람의 죽음의 실제성을 체감하게 되고, 점차 분명하고도 실제적으로 경험하게 된다. 분명 하나님의 때가 있다. 오직 하나님만이 우리 영혼이 하나님 자신을 위한 존재가 되는데 필요한 것이 무엇이며, 또 무슨 연단과 훈련의 과정이 필요한지를 아신다. 하나님은 그리스도 안에 있는 새 생명의 능력을 우리로 경험을 통해서 알도록 우리를 준비시키신다. 그렇게 함으로써 우리가 실제적인 죽음을 경험하기 전에도 죽을 것이 생명의 삼켜지는 것을 보게 하신다.

만일 죽음이 옛 사람이 중단되는 것이라면, 죽음은 우리를 방해하고 괴롭히던 죄의 중단을 의미한다. 우리는 옛 사람과는 관계를 끊었다. 우리가 옛 사람에 속해 있을 때에는 하나님 앞에서 유죄 상태였다. 그리스도께서 우리를 위해서 죽으심으로써 우리는 죄에 대하여 합법적으로 의롭게 되었고, 옛 사람과는 영원히 단절

되었다. 우리는 이제 새 생명의 능력으로 산다. 이것이 바로 신자에게 죽음이 갖는 의미이다. "우리가 담대하여 원하는 바는 차라리 몸을 떠나 주와 함께 있는 그것이라"(고후 5:8) 심판에 대해서도 마찬가지로, 그리스도는 심판을 대신 받으셨다. 죄의 권세에 대해서도, 그리스도는 죄의 본질에 속한 것에 대해서 죽으심으로써 그 권세를 파하셨다. 실제적인 죽을 것에 대해서도, 새 사람 안에서 그리스도와 함께 하기 위해서 꼭 필요한 해방의 역사를 통해서 해결하셨다. 이 모든 것을 통해서 우리는 죽는 것도 유익하다는 것을 알게 된다. 누가 죽음을 무서워하랴?

306

만일 우리가 그리스도를 섬기는 삶을 산다면, 이 세상에서 겪는 슬픔도 나름 의미가 있다. 우리에겐 슬픔이 슬픔 그 자체로 끝나는 것이 아니라, 오히려 슬픔의 시련을 통해서 복을 받게 된다. "내게 사는 것이 그리스도니 죽는 것도 유익함이라"(빌 1:21) 죽는 것은 다만 옛 사람일 뿐이다. 우리의 고통도 끝나고, 우리의 원수도 끝난다. 물론 이것은 우리 속에 신성한 생명이 있다는 것을 전제로 한 것이다. 신성한 생명이 없다면, 옛 사람의 운명에 동참하게 될 것이다.

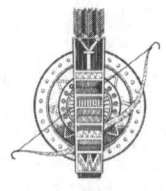

제 2장
그리스도인에게 죽음은 무슨 의미인가?
What Death is to the Christian?

367

죽음 자체는 신자의 소망이 아니다. 죽음은 "벗고자 함이 아니요 오히려 덧입고자 함이니 죽을 것이 생명에 삼킨 바 되게"(고후 5:4) 하는 것이다. 그리스도인은 벗을 필요가 없다. 하나님의 목적은 다름 아닌, 우리가 그리스도의 형상을 덧입는 것이다. 우리의 소망은 우리가 그리스도의 참 모습 그대로 보는 것이며, 또한 우리가 그와 같이 되는 것이다(요일 3:2). 우리가 소망하는 바, 우리를 우리의 머리되신 그리스도를 온전히 닮게 해주는 것은 우리 속에 있는 신성한 생명의 능력이다. 이것을 우리에게 이루어지게 하기 위해서 하나님은 역사하셨다. 전적으로 부패한 우리는 이제

야 우리에 대한 하나님의 생각과 목적이 무엇인지 볼 수 있게 되었다. 따라서 (이에 대한 절대적으로 필요한 도움으로서) 소망이 생긴다. 하지만 소망은 지금 우리가 맛보고 있는 기쁨의 전부는 아니다. 우리가 하늘에 들어가게 되면, 더 이상 소망은 필요치 않게 될 것이다. 따라서 우리의 참된 기쁨은 소망 자체에 있지 않다. 그곳을 바라보는 것만으로 여기서 충분히 만족감을 얻는 것은 아니기 때문이다. 물론 소망이 우리의 최고의 기쁨들 가운데 하나인 것은 사실이다. 하지만 하나님이 우리에게 허락하신 것은, 신적인 본성과 하나님의 사랑을 주신 것이다. 이 두 가지는 소망에 속한 것이 아니다. 우리는 미래의 소망으로서 신적인 본성 또는 하나님의 사랑을 바라보지 않는다. 신자가 맛보고 있는 신적인 기쁨은 하나님의 영광을 바라고 즐거워하면서, 이 두 가지를 지금 소유하고 있다는데 있다.

우리는 죽음에서도 소망을 보지만, 죽음 자체가 우리의 소망은 아니다. 죽음 속에 소망 그 이상의 것이 있다. 바로 생명(의 실현)이다. 죽음은 생명을 건드릴 수 없다. 다만 자유를 줄 뿐이다. 죽음은 우리가 본향으로 돌아가는 문이다. 우리는 하나님의 사랑 안에서 본향으로 영접될 것이다. 그리스도의 심판대에서, 그리스도와 같이 되는 것을 경험하게 되고, 그 후에 우리는 집에서 쉬게 된다. 물론 이 땅에서도 우리는 집에서 쉼을 누리고 있다. 하지만 지금은 싸움과 유혹이 함께 있다. 약속은 이기는 자들에게 주어졌다. 하지만 영적 전쟁에도 불구하고 우리 마음은 하나님이 우리를 인도하신 아버지 집에 있다. 물이 없는 곳에 집을 지을 수는 없다. 물이 없는 이 땅에서 하나님의 성령님은 생수처럼 우리의 갈함을 해갈시켜주시고, 또 우리 영혼을 적신다. 죽음이 오면, 모든 인간관계에 속한 것들은 깨어진다. 이것은 끔찍한 일이다. 인간의 모든 생각은 사라진다. 모든 인간관계에 속한 것도 끝난다.

죽음과 관련해서 생각해볼 것은, 죽음은 아무도 건드릴 수 없는 사단의 권세라는 점이다. 하나님은 생명의 권세를 가지고 있다. 하나님이 죽음에 대한 사단의 권세를 철회하고자 하신다면, 얼마든지 사단에게 준 권세를 무효화시키실 수 있을 것이다. 죽음이 오게 되면 인간관계의 모든 끈이 풀어지고, 사단이 가지고 있는 권세와 더불어 공포가 찾아온다. 사망 선고는 하나님에 의해서 집행되는 것이므로, 죽음(사망)은 하나님의 심판이다. 즉 죽음 이후에는 심판이 있다. 그래서 성경은 "한 번 죽는 것은 사람에게 정해진 것이요 그 후에는 심판이 있으리니"(히 9:27)라고 말한다. 이 심판은 무슨 심판인가? 만일 내가 죽게 되면 하나님은 나를 심판대 앞에 세우실 것이고, 나를 그곳으로 이끌고 간 죄로 인해서 정죄를 받게 될 것이다. "이와 같이 모든 사람이 죄를 지었으므로 사망이 모든 사람에게 이르렀느니라"(롬 5:12)

모든 측면에서 죽음은 무섭고 두려운 것이다. 죽음이 가지고 있는 무서움 때문에, 심지어는 동물들조차도 죽음에 대한 공포를 느끼며 두려움에 떤다. 죽음이 오면 이생과의 모든 인연은 끝난다. 사망이 덮치면 사랑하는 모든 것이 사라진다. 심판으로 이끌어가는 사단의 권세는, 죄인을 죄에 대한 정죄와 심판에 이르게 하는 것 외에 아무 것도 아니다. 하나님이 인간에게 정하신 이 길을 어느 누구도 피할 수 없다. 사망은 인간의 진보를 자랑하는 사람에게도 어김없이 찾아온다. 이 모든 것을 통해서, 우리는 사망이 죄의 삯 또는 죄의 대가임을 보게 된다. 하지만 죽음을 바라보는 다른 시각이 있다. 즉 하나님이 믿는 우리를 완전히 해방시키시는 측면이다. 세상의 사람들의 눈에는 가장 어두운 시기가 우리 그리스도인의 생애에서 가장 밝게 빛나는 순간이 되는 것인데, 곧 우리 그리스도인의 죽음의 순간이다. 전적으로 그리스도로 말미암아 우리에게 죽음은 미래에 대한 광채와 더불어 임하게 된다. "한 사람이 모든 사람을 대신하여 죽었은즉 모든 사람이 죽은 것이라"(고후 5:14) "죽음을 통하여 죽음의 세력을 잡은 자 곧 마귀를 멸하시며 또 죽기를 무서워하므로 한평생 매여 종 노릇 하는 모든 자들을 놓아 주려 하심이니"(히 2:14,15) 이처럼 매우 단순한 진리는 우리 그리스도인들에겐 매우 복된 진리이다. 사망에 매일 수 없는 하나님의 아들께서 죽음의 심연 속으로 내려가셨다가 다시 살아나셨다. 이는 둘째 아담이신 그리스도께서 첫째 아담의 자리를 취하신 것이다.

368

전에 우리는 죄와 심판과 진노와 정죄 아래 있었다. 그리스도는 죄가 되셔서 그 모든 자리를 대신 취하셨다. 하나님은 죄에 대한 심판을 그리스도를 향해 퍼부으셨는가? 그렇다. 하나님은 그 결과를 미리 아셨는가? 그렇다. 그래서 하나님은 자기 아들을 아끼지 아니하시고 가차 없이 심판을 집행하셨다. 그리스도는 이렇게 될 것을 알고 계셨는가? 그렇다. 그리스도는 하나님의 뜻을 이루고자 이 세상에 오셨고, 그 마음에 우리를 사랑하시는 풍성한 사랑으로 가득한 채 죽음의 잔을 마셨다. 그리스도는 이 일 때문에 힘쓰고 애써 더욱 간절히 기도했고, 심지어 땀이 땅에 떨어지는 핏방울 같이 되었다. 죄, 사망, 그리고 심판에 대한 생각 때문에 할 수만 있다면 죽음의 잔을 피하고 싶으셨지만, 그리스도는 하나님의 목적을 이루기 위해서 죽음을 택하셨다. 그렇게 그리스도는 죽음을 거쳐 하나님에게로 가셨다. 그리스도를 만나러 나아온 사람들이 그분을 뵙고는 물러가서 땅에 엎드러졌을 때(요 18:6), 어떤 의미에선 사망의 권세는 이미 힘을 잃어버렸다. 그분은 다만 지나쳐가시기만 하면 되었지만, 그렇게 하지 않으셨다. 자신을 희생 제물로 내어주셨다. 주님이 몸으로 막고 있을 때 제자들은 도망가야 했다. 그렇게 주 예수님은 심판의 잔을 받으셨고, 죄의 형벌을 대신 치르셨다. 십자가에 달리셨을 때, 주님은 "나의 하나님 나의 하나님 어찌하여 나를 버리셨나이까?"라고 부르짖으셨다. 주님은 십자가에서 그렇게 잔을 다 마신 후에, 죽으셨다. 그분의 몸은 무덤에 묻혔다. 주님이 "아버지 내 영혼을 아버지 손에 부탁하나이다"(눅 26:46)라고 말씀하셨을 때, 그것이 과연 사탄의 능력이었는가? 그렇지 않다. 주님은 부활을 기다리면서 자신의 영혼을 내놓으신 것이다. 주님은 사망으로 내려가셨고, 죄와 사탄의 권세와 진노 등을 모두 감당하셨다. 주님은 우리를 위해서 죄가 되셨다. "그가 죽으심은 죄에 대하여 단번에 죽으심이요"(롬 6:10) 우리는 지금까지 사망이 그리스도에게 무슨 의미인지를 살펴보았다. 이제는 사망이 우리 그리스도인에게 무슨 의미인지를 살펴보자. 사실상 영원한 심판이 있다. 하지만 신자에게는 심판이나 죄가 조금도 남아 있지 않다. 그리스도께서 이미 죄를 제거하셨는데, 하나님은 또 다시 그 죄를 심판하실 것인가? 그렇지 않다. 신자에게선 더 이상 죄의 흔적을 찾을 수가 없다. 그리스도는 자기를 단번에 제물로 드려 죄를 없애 버렸고(히 9:26), 육신 속에 있는 죄를 정죄하셨다(롬 8:3). 이 모든 일은 그리스도께서 우리를 대신하여 죄가 되신 사실에 있다(고후 5:21). 그리스도는 죄를 범하지 않으셨으나(벧전 2:22), "단번에 죄를 위하여 죽으사 의인으로서 불의한 자를 대신하셨[다.]"(벧전 3:18) 그리고 육신에 있는 죄를 정죄하셨다. 하나님은 그 일을 단번에 이루셨다. 이제 그리스도는 세세토록 살아계시며, 다시는 죄를 위해 제사 드릴 것이 없다(히 10:10). "이와 같이 그리스도도 많은 사람의 죄를 담당하시려고 단번에 드리신 바 되셨고 구원에 이르게 하기 위하여 죄와 상관없이 자기를 바라는 자들에게 두 번째 나타나시리라"(히 9:28) 이제는 죄와 상관 없게 된 우리를 영광 속으로 인도하실 것이다.

369

본질적으로 그리스도는 죄가 없으시지만, 우리는 그렇지 않다. 이제 죄는 그리스도의 죽음을 통해서 전적으로 제거되었고, 영원히 소멸되었다. 죄가 제거되었기에, 그리스도는 사망에서 벗어나 부활하셨다. 그리스도께서 얻으신 생명은 무궁한 생명의 능력으로 된 것이다(히 7:16). 이제 나는 그리스도 안에서 새 생명을 가지고 있고, 성령으로 거듭난 생명을 가지고 있다. 이제 내가 사는 것은 하나님의 아들을 믿는 믿음 안에서 사는 것이다(갈 2:20). 그렇다면 실제적으로 옛 사람은 어떻게 되는 것인가? 내가 새로운 생명을 가지고 있다면, 옛 사람은 죽은 것으로 여겨야 한다. 나는 죽었다. 무엇이 죽은 것인가? 바로 옛 사람이다. 나는 그리스도의 죽으심과 합하여 침례(세례)를 받았다. 한 알의 밀은 반드시 죽어야 한다. 죽음은 나와 관계된 모든 것을 끝낸다. 따라서 죽는 것은 내가 관여하고 있던 것에 대한 종국(終極)이다. 율법이 나를 죽였다. 우리가 율법의 가치를 제대로 보고 있다면, 율법의 힘은 나를 죽이는데 있다. 그 후에 나는 그리스도 안에서 생명을 소유하고 있다. 성경은 죄가 죽었다거나, 또는 죄가 우리 자신에 대해 죽었다고 말하지 않는다. 다만 우리가 죽었다. 그러므로 우리는 우리 자신을 죽은 자로 여겨야 한다. "(그러므로) 너희가 세상의 초등학문에서 그리스도와 함께 죽었거든 어찌하여 세상에 사는 것과 같이 규례에 순종하느냐"(골 2:20) 옛 사람은 우리가 원하는 바 대로가 아니라 오히려 우리 자신의 의지에 반하여 행동하는 존재이다. 하지만 나는 그에 대해 죽었다. 내가 하나님에게로 나아가는 것을 방해하던 것이 그렇게 해결되었다. 죽은 사람에게 무슨 일이 일어나는가? 사망이 오게 되면 문자적으로, 나는 죽을 것과 직면하게 된다. 하지만 이내 죽을 것이 생명에 삼킨 바 되는 것을 보게 될 것이다(고후 5:4). 옛 본성은, 제거되어야 하는 가시와 같다. 옛 본성은 치명적인 독을 갖고 있고, 부패되었고, 사탄의 권세 아래서 죄에 의해 자극을 받는다. 하지만 죽음이 오면 이러한 부패함과 치명성도 사라진다. 이 썩어질 몸이 죽게 되면, 나는 더 이상 죽음 또는 옛 본성에 대해 관계할 것이 없다.

370

새로운 본성이란 무엇인가? 죽음과 관계가 있는가? 없다. 거듭난 사람은 점차 새로운 본성에 익숙해지는 것을 경험하며, 완전한 일체감을 가질 수 있게 된다. 사망은, 우리가 옛 본성, 곧 첫째 아담과의 관계를 끊는 것이며, 둘째 아담과 일체감을 가지는 것이다. 그래서 "세상을 떠나서 그리스도와 함께 있는 것이 훨씬 더 좋은 일"이다. 나는 죽을 때 죽을 것(mortality)이 제거되는 것을 보게 될 것이다. 이러므로 우리가 몸에 거할 때에는 주와 따로 거하는 줄을 알기에 항상 담대함을 가지게 된다(고후 5:6). 여기서 말하는 우리는 누구인가? 새 사람이다. 나는 몸으로는 따로 떨어져있지만 그럼에도 여전히 주님과 함께 있다. 이 비참하고 가련한 썩어질 몸을 떠나 그리스도와 함께 하는 것은 더욱 좋은 일이다. 그리스도와 함께 영광 가운데서, 모든 것이 온전해진 상태에서 그리스도와 함께 하는 것은 훨씬 더 좋은 일이다. 그러므로 죽는 것도 유익하다(빌 1:21).

죽음에 대한 주님의 생각은 무엇일까? 주님이 십자가에 달린 강도에게 하신 말씀을 생각해보라. "오늘 네가 나와 함께 낙원에 있으리라"(눅 23:43) 그리고 제자들에게 하신 말씀을 생각해보라. "나를 사랑하였더라면 내가 아버지께로 감을 기뻐하였으리라"(요 14:28) 이처럼 그리스도에게는 세상을 떠나는 것이 얼마나 유익한가에 대한 완전한 지식이 있었다. 스데반의 경우, 그가 죽음을 맞이할 때 어느 정도로 행복감을 느꼈을까? 스데반의 말을 들어보자. "주 예수여 내 영혼을 받으시옵소서"(행 7:59) 죽음이 가지고 있는 실제성은 옛 사람을 벗어 버리고 그리스도와 함께 하게 된다는데 있다. 이것은 머지않아 우리에게 현실이 될 것이지만, 사실상 어느 정도는 지금도 믿음으로써 그 유익을 누릴 수 있다.

날마다 죽는 것이 있다. 죽음이 가져다주는 긍정적인 측면이 있다. 바로 영적 삶을 위한 것이다. 인간관계가 끊어짐으로써 슬픔이 오지만, 육신성이 소멸된다는 측면에서 축복도 있다. 그러한 슬픔 속에 육신의 발로가 꿈틀거린다면 그것은 악한 것이다. 시련이 불가피하게 된다. 베드로는 십자가를 생각하는 것이 싫었다. 베드로 속에 있는 육신성은 자신이 정작 하나님에게서 받은 계시의 핵심에 순종하지 않았던 것이다. 따라서 비밀한 가운데 계신 하나님과의 사귐에 의해서든, 아니면 징계를 통해서든 우리 속에 있는 육신성은 파쇄 되는 과정이 필요하다.

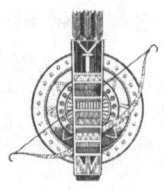

제 3장
죽음 이후 영혼의 상태
The State of the Soul after Death

178

　죽음 이후 영혼의 상태는 우리 모두에게 깊은 관심을 일으키는 주제다. 성도를 공중에서 영접하고, 세상 끝에 세상을 심판하기 위해서 다시 오시는 그리스도의 재림을 부정하는 것은 신약성경에서 부활에 대해 부여하고 있는 중요성을 퇴색시키고, 또 그저 하늘나라 간다는 모호한 개념으로 장차 나타날 천년왕국의 행복과 영광의 모든 개념들을 묵살한 채 복음주의 신앙의 요체를 흔드는 것이 된다. 하지만 성경은 너무도 명백하게 주님의 다시 오심과 성도의 부활을 균형 있게 말하고 있으며, 게다가 경건한 성도의 마음 속에 자리 잡고 있는, 우리가 이 세상을 떠날 때 하늘나라에 들어가게 되는 것도 밝히고 있다. 이상하게 들릴지 모르지만, 하늘나라에 간다는 말은 십자가에 달린 강도가 그리스도와 함께 낙원에 들어가게 된 한 가지 사례만 제외하면 성경에 없다. 그렇다고 우리가 하늘나라에 가지 않는다는 말이 아니다. 성경적으로 말하자면, 우리는 그리스도에게로 가는 것이다. 그리스도께서 하늘나라에 계시기에, 우리도 그곳에 간다. 하지만 하늘나라에 가는 것 보다는 그리스도와 함께 하는 것, 이것이 성경에서 말하는 바이다. 그리고 이 사실은 영적인 정서의 상태에 대단히 중요하다. 성경에 의하면, 우리 영혼이 하늘나라에서 행복을 누리는 것이 아니라 그리스도와 함께 하는 것이 유일한 목적이다. 물론 우리는 하늘나라에 들어갈 것이며, 그곳에서 행복을 누릴 것이다. 여기서 내가 말하고 싶은 것은 우리가 생각하는 습관을 성경적으로 생각하는 습관으로 바꾸자는 것이다. 불쌍한 인간의 본성은 스킬라와 카리브디스*에 떨어지는 것을 피하고 싶어 한다는 것이다. 우리는 하나님의 말씀을 단순하게 믿고 따르기 보다는 자신이 믿고 싶은 것을 따르는 경향이 있다. 주님의 재림과 첫째 부활의 진리가 회복되었을 때, 이에 대한 반발이 일어났다. 이 두 가지 진리는 어떤 사람들의 마음 속에 매우 중요한 의미를 가지게 되었

---

* 그리스 신화에 나오는 머리 6개, 다리 12개 달린 여자 괴물

지만, 한편으론 우리가 죽을 때 하늘나라에 간다는 측면은 가려지게 되었다. 하늘나라에 간다는 개념은 너무도 모호하고 너무도 성경적인 지지를 받지 못하고 있었기 때문에, 말씀을 철저히 상고해 본 사람들을 만족시킬 수 없었다. 심지어 세상을 떠난 영혼은 부활의 때까지 무의식 상태에서 잠을 자게 될 것이란 생각이 더욱 성경적인 것으로 진술되었다. 하지만 이러한 영혼의 잠에 대한 개념은 또 다른 사람들에겐, 세상을 떠난 영혼은 (기독교만의 독특한 소망에 해당되는) 축복된 상태에서 그리스도와 함께 있게 되고, 영원한 본향인 하늘나라에 들어가게 된다는 생각도 부인하는 지경에 이르렀다. 그러자, 많은 사람들이 복음의 근본적인 교리조차도 부인하는데 까지 이르게 되었다.

이제 나의 목적은 앞서 언급한 영혼의 불멸성을 부인하는 사람들과 논쟁을 벌이려는 것이 아니다. 그 논쟁은 이미 여러 차례 했고, 효과적으로 다루었다. 나의 목적은 세상을 떠난 그리스도인들이 그리스도와 더불어 행복한 상태에 거하고 있다는 진리를 성경에서 그 증거를 찾아보고, 명백한 성경적인 증거를 제시하는데 있다. 그리스도와 더불어 행복한 상태에 있는 것을 가리켜 "중간 상태(intermediate state)" 라고 부른다. 세상을 떠난 그리스도인은 영광 안에 계신 그리스도의 사람으로서 중간 상태에 있게 되며, 몸의 부활을 기다리게 된다. 몸의 부활 후에 영광 안에서 자신의 최종적인 상태에 들어가게 되는 것이다. 사람들은 흔히 영이 영광스럽게 되는 것에 대해 말하곤 하지만, 성경은 그에 대해서 말한 바가 없다. 우리를 향한 하나님의 목적은, 우리가 그분의 아들의 형상을 닮는 것이고, 그것을 통해서 그가 많은 형제 가운데 으뜸이 되는 것이다. "우리가 지금은 하나님의 자녀라 장래에 어떻게 될지는 아직 나타나지 아니하였으나 그가 나타나시면 우리가 그와 같을 줄을 아는 것은 그의 참 모습 그대로 볼 것이기 때문이니"(요일 3:2), "우리가 흙에 속한 자의 형상을 입은 것 같이 또한 하늘에 속한 이의 형상을 입으리라"(고전 15:49) 이 일은 모세와 엘리야가 변화산에서 영광 중에 그리스도와 함께 나타났던 순간에 나타났다. (롬 8:29, 요일 3:2, 고전 15:49, 눅 9:28-36을 보라.) 이것이 주님과 영원히 함께 있는 것이고, 아버지 집에서 자기에게로 영접하는 것이며, 우리가 들어갈 기쁨과 영광의 영원한 상태이다. 이처럼 우리가 들어갈 영광스러운 모습은 변화산의 이야기 속에 나타났고, 누가복음에 보면, 모세와 엘리야는 아버지의 음성이 나온 곳을 향해 구름 속으로 들어갔다(살전 4:17, "구름 속으로 끌어 올려"를 보라.). 이것이 바로, 그리스도께서 장차 오셔서 우리를 자신에게로 영접하고, 그분의 형상대로 변화를 받아, 우리의 낮은 몸을 그분의 영광스러운 몸과 같은 형상으로 변케 함으로써 들어가게 될 우리의 영원한 상태이다(빌 3:21 참조). 하나님은 이와 동일한 일을 이미 우리에게 이루어 주셨고, 그에 대한 증표로 성령의 보증을 주셨다(고후 5:5). 주님과 영원히 함께 있는 것, 그리고 주님과 같이 변화를 입는 것이 우리의 영원한 기쁨이다. 그것이 하나님의 사랑의 열매이며, 또한 하나님이 우리를 자신의 자녀 삼으신 목적이다. 하나님은 우리를 장차 아버지 집에 마련된 처소로 인도하실 것이다. 두 가지 사실이 우리 앞에 놓여 있다. 하나는 그리스도와 같은 형상으로 변화되고 또 그리스도와 함께 하는 것이며, 다른 하나는 장차 하늘 처소에서 그리스도 안에서 예비된 모든 신령한 복을 누리는 것이다. 구속은 이 두 가지를 우리의 것으로 만들었다. 하지만 지금 우리는 이것을 누리고 있지 못하다. 하나님은 바로 이것을 우리에게 이루어주셨지만, 지금은 성령의 보증을 소유하고 있을 뿐이다.

179

첫 번째 요점은 그리스도와 같이 변화되는 것인데, 이미 언급한 대로 이 사실은 성경적인 권위를 가지고 우리를 두 번째 사실, 즉 우리가 주님과 영원히 함께 있게 될 것이란 사실로 이끌어준다. 이제 나는 두 번째 요점에 대한 몇 가지 증거들을 더하고자 한다. 즉 우리의 분깃은 하늘(처소)에 있다는 것이다. 이것은 그리스도를 진실히 믿고, 또 그리스도와 더불어 고난을 당하고 있는 신자들에게 더욱 실제적이다. 하나님은 장차 그리스도 안에서 모든 것을, 즉 하늘에 있는 것들과 땅에 있는 것들을 통일시키실 것이다(엡 1:10). 우리는 만물이 그리스도에 의해서 창조되었고 또 그리스도를 위하여 창조되었음을 본다(골 1;16,20). 만물이 다 사람이신 그리스도의 발 아래 있게 될 것이다(히 2:1, 고전 15:27, 28, 엡 1:22). 하지만 우리는 히브리서 2장에서, 만물이 아직 그리스도께 복종하지 않고 있다는 사실을 보게 된다. 그리스도는 지금 자신의 보좌가 아니라, 아버지의 보좌에 앉아 계신다(계 3:21). 하나님은 "내가 네 원수로 네 발등상 되게 하기 까지 너는 내 우편에 앉아있으라"고 말씀하셨다. 하나님은 자신의 모든 원수들로 자신의 발등상 삼으실 것을 기대하신다(히 10장). 그 때가 올 것이며, 그 날에 하늘과 땅에 있는 모든 것들이 화목을 이루고(골 1:20), 심지어 땅 아래, 즉 음부에 있는 것들도 그리스도의 능력과 권세 앞에 굴복하게 될 것이다. 모든 무릎을 꿇고, 모든 입술로 멸시받고 거절당한 인자이신 예수 그리스도를 주라 시인하여 하나님 아버지께 영광을 돌리게 될 것이다(빌 2:10,11). 이 때문에 우리는 기다려야 한다. 하늘과 땅에 있는 모든 것들이 머리되신 그리스도 아래 통일되는 그날, 우리는 하늘에 거하게 될 것이다. 사실 우리는 지금 영으로 하늘에 거하지만, 장차 영광 중에 하늘에 거하게 될 것이다. 이 둘 사이에 실제적인 구분은 없다. 물론 지금 우리는 영광 중에 있지는 않지만, 그렇게 주장할 필요도 없다. 분명한 것은 영광으로의 부르심, 그것이 우리를 불러내신 부르심이며, 그것을 위해 구속을 받았다는 것이다. 우리에게 구속은 이루어졌고,

지금은 그것의 실현을 기다리고 있다. 이제 질그릇 같은 우리 속에 보배를 가지고 있기에, 우리는 짐진 것 같이 탄식하고 있다. 우리가 몸을 벗어나게 되면 탄식은 끝나게 되고, 기쁨 중에 그리스도와 함께 있게 될 것이다. 그리스도께서 다시 오시는 날, 우리는 하늘에 적합한 몸을 입게 될 것이며, 그렇게 영광 중에 나타나게 될 것이다. 하나님은 "그리스도 안에서 하늘에 속한 모든 신령한 복을 우리에게"(엡 1:3) 주셨다. 이제 우리는 "만일 땅에 있는 우리의 장막집이 무너지면 하나님께서 지으신 집 곧 손으로 지은 것이 아니요 하늘에 있는 영원한 집이 우리에게 있는 줄"(고후 5:1) 알고 있으며, 게다가 "우리의 시민권은 하늘에"(빌 3:20) 있다. 그리고 빌립보서 3장 14절에서 우리는 '위에서 부르신 부르심'을 보게 되는데, 성경의 관주에 보면 이것은 '높은 부르심'으로 되어 있다. 이 단어가 주는 힘을 느껴보라. 이 단어의 힘은 위에서 부르셨다는데 있다. 우리는 위에서 부르심을 받았다. 따라서 히브리서 6장 19,20절에 보면, 우리는 그리스도께서 휘장 안에 들어가신 것을 보게 되는데, 그곳은 바로 하늘을 가리킨다. 히브리서 9장 24절, 그리스도는 우리의 선두주자로서 앞서 그리로 들어가신 것이다. 따라서 히브리서 3장에 보면 우리는 하늘의 부르심을 받은 자들이다. 성령에 의해서 그리스도와 연합된 존재로서, 우리는 그리스도 안에서 하늘에 앉아 있다. 그리스도와 함께 있지는 않지만, 그리스도 안에 있다. 그것이 우리의 자리이다. 따라서 주님이 다시 오실 때, 주님은 인자로서 왕국에서 모든 거치는 것들과 불법을 행하는 사람들을 몰아내실 것이다. 하지만 의인들은 자기 아버지의 왕국에서 해처럼 빛나게 될 것이다. 따라서 모세와 엘리야는 땅에서 영광 중에 나타났고, 왕국에서 성도들이 누릴 상태를 보여주었을 뿐만 아니라, 그들은 구름 속으로 하나님이 거하시는 곳, 곧 아버지의 음성이 들린 곳으로 들어갔다.

181

이제 분명한 것은 하나님은 하늘에 있는 백성들과 땅에 있는 백성들을 모두 하나로 모으실 것이며, 우리는 영광 중에 그리스도와 같이 되어 영원히 그리스도와 함께 있게 될 것이란 점이다. 우리와 관계된 일은 하늘에서 이루어질 것이며, 모든 신령한 복으로 복을 받고, 하늘에 있는 처소에 거하게 될 것이다. 반면 이스라엘은 일시적인 복으로 복을 받고, 땅에 있는 처소에 거하게 될 것이다. 만일 우리가 로마서 8장 17절에 말한 그리스도와 함께 한 공동상속자라면, 우리는 주님이 먼저 가신 곳, 즉 아버지 집에 거하면서 더 좋은 것을 누리게 될 것이다. 이 사실은 매우 분명하게 표현되었다(골 1:5). 우리의 소망은 우리를 위해서 하늘에 쌓여 있고, 사도 베드로가 말한 대로(벧전 1:4), 썩지 않고, 더럽지 않고 쇠하지 아니하는 유업이 우리를 위해서 하늘에 예비되어 있다. 이 모든 것은 명백하게 우리의 복은, 우리의 소망이시며 우리의 선두

주자이신 주님이 들어가신 곳에 있음을 보여준다. 우리의 영광은 땅에 속한 것이 아니라, 하늘에 속한 것이다. 우리는 하늘에 속한 자의 형상을 입게 될 것이며, 주님과 영원히 함께 있게 될 것이다. 주님은 아버지 집에서 우리를 위한 처소를 준비하기 위해서 앞서 가셨고, 자기에게로 우리를 영접하기 위해서 다시 오실 것이다. 주님은 선언하셨다. "아버지여 내게 주신 자도 나 있는 곳에 나와 함께 있어 아버지께서 창세 전부터 나를 사랑하시므로 내게 주신 나의 영광을 그들로 보게 하시기를 원하옵나이다"(요 17:24) 누군가 이것의 복됨과 우리를 위해 준비되고 있는 놀라운 처소에 대해서 상세히 설명할 수 있을 것이다. 다가오는 세대에서 하나님은 그리스도 예수 안에서 우리를 향해 베푸신 그분의 자비하심 속에 있는 그분의 은혜의 지극히 부요하심을 보이실 것이다! 하지만 지금 나의 목적은 우리 그리스도인의 복됨과 그에 대한 성경의 증거를 제시하는 것이다. 내가 지금까지 말한 내용은, 우리의 부르심은 우리가 부르심을 받은 그 순간부터 영원한 영광(to the glory of eternity)에 이르는 것이란 점이다. 다른 것은 없다. 다만 "우리의 부르심의 한 가지 소망"만이 있다. 하나님은 자기 나라와 영광에 이르도록 우리를 부르셨다. 우리는 하나님의 영광을 바라고 소망하면서 즐거워한다. 아버지의 집은 그분의 자녀들의 집을 가리킨다. 하지만 성경 각각의 진술을 보면 중간 상태가 무엇인지 정확하게 알기는 어렵다. 일반적으로 말하자면, 그곳은 구속을 통해서 획득한 우리를 위한 모든 복이 있는 곳이다. 모든 은혜의 하나님은 그리스도 예수로 말미암아 그분의 영원한 영광에 이르도록 우리를 부르셨다. 이 얼마나 경이로운 사랑인가! 하지만 그리스도께서 들어가신 영광의 핵심 부분을 생각해보자. 자신이 구속한 백성이 없다면 구속자가 다 무슨 소용이 있는가? 하나님의 아들께서 자기를 비워 낮고 천한 피조물의 생명을 취하시고, 그래서 십자가에서 나를 위해 죽으신 것이 믿어졌다면, 그렇게 구속함을 받은 자들이 장차 하늘에 속한 영광에 들어가게 될 것을 믿지 못할 이유가 무엇인가?

히브리서의 전체 주제는, 유대교와 비교해서 이스라엘이 회복되었을 때 그들이 들어가게 될 기업은 땅에 속한 것이지만, 우리의 부르심과 우리의 기업은 하늘에 속한 것임을 보여주는데 있다. 그들은 땅에 속한 대제사장을 가지고 있었다. 왜냐하면 하나님은 땅에서 그룹(케루빔) 사이에 계셨기 때문이다. 하지만 우리에게는 하늘에 속한 대제사장이 계시다. 그분은 거룩하고 악이 없고 더러움이 없고 죄인에게서 떠나 계시고 하늘보다 높이 되신 분이시다(히 7:26). 어째서 그러한가? 이는 우리의 자리와 우리의 분깃은 하나님과 함께 하늘에 있기 때문이다. 우리의 자리와 우리의 부르심은 하늘에 있다. 모든 것이 여기에 합당해야만 했다. 희생제사와 제사장의 봉사, 모두 탁월해야 했다. 우리가 땅에 있는 장막 집에 머물면서 탄식하며 하늘로부터 오는 처소로 덧입기를 간절히 사모하는 것과 그리스도께서 오실 때 우리의 낮고 천한 몸이 그리스도의 영광스러운 몸과 같이 변화되는 것 사이에서, 하나님은 우리의 중간 상태에 대해서 말씀하고 있다. 우리는 이것을 어떻게 이해할 것인가? 우리의 부르심과 우리의 분깃은 하늘에 속한 것임을 우리가 분명히 이해했다면, 이 모든 것은 단순하고 명백해진다. 우리의 시민권은 지금 그리고 항상 하늘에 있다. 그렇다면 우리가 세상을 떠날 때, 그것을 얼마나 실제적으로 누릴 수 있는가, 그것이 요점이다. 지금 이 세상에 있는 것보다, 더 실제적으로 누릴 수 있는가, 아니면 그보다 못할 것인가? "하나님은 죽은 자의 하나님이 아니요 살아 있는 자의 하나님이시라 하나님에게는 모든 사람이 살았느니라"(눅 20:38) 따라서 세상을 떠난 그리스도인은 이 세상에 대해서는 죽었지만, 하나님에 대해서는 영원토록 살아 있는 것이다. 그래서 성경은 세상을 떠난 성도에 대해서 "그들이 잠자고 있다."고 표현한다. 여기에는 이론의 여지가 없다. 스데반은 잠들었다. 즉 죽은 것이다. 죽었다고 해서 영혼이 잠자는 것이 아니다. "우리가 예수께서 죽으셨다가 다시 살아나심을 믿을진대 이와 같이 예수 안에서 자는 자들도 하나님이 그와 함께 데리고 오시리라"(살전 4:14) 예수 안에서 자는 자들은 분명 그리스도 안에서 죽은 자들이다(살전 4:16). 고린도전서 15장 6절은 어떤 죽은 사람들에 대해서 잠들었다고 표현하고 있는데, 데살로니가전서 4장에서 똑같은 단어가 예수 안에서 자는 자들로 표현되고 있다. 이것은 살아 있는 사람들과 대조해서 그렇게 표현하고 있는 것이다. "주께서 강림하실 때까지 우리 살아 남아 있는 자도 자는 자보다"(살전 4:15), "지금까지 대다수는 살아 있고 어떤 사람은 잠들었으며"(고전 15:6) 등등. 「잔다」는 표현은 그리스도인에게는 죽음을 의미하는 것이며, 이것은 그들이 더 이상 존재를 멈추게 되었다는 의미가 아니라, 다만 잠자던 사람이 깨어나듯이 부활의 때에 다시 살아나게 될 것을 보여주는 아름다운 표현인 것이다. 이것은 요한복음 11장에서 나사로의 경우에 적용되었다. 주님은 "우리 친구 나사로가 잠들었도다 그러나 내가 깨우러 가노라"(요 11:11)고 말씀하셨다. 반면 제자들은 잠들어 쉬는 것을 가리키는 줄로 생각했다. 그러자 주님은 명백하게 "나사로가 죽었다."고 말씀하셨다(요 11:11-14 참조). 따라서 잠을 잔다는 것은 죽음을 의미하며, 깨우는 것은 영혼을 깨우는 것이 아니라, 마치 잠을 잔다는 것이 세상을 떠난다는 의미에서, 부활에 의해서 죽음의 상태에서 다시 돌아오는 것을 가리킨다. 그리스도인에게 잠을 잔다는 것은 죽음 이외에 그 어떤 의미도 없다. 영혼의 잠이란 개념은 순전히 사람의 상상력에 의한 것일뿐 성경적인 개념이 아니다. 우리는 흔히 '사람들이 땅 속에서 잠자고 있다.'고 말한다. 즉 죽은 것이다. 이것은 단순한 언어적인 표현일 뿐 그 이상도 그 이하도 아니다. 이 표현을 통해서 성경이 분명히 말하고자 하는 것은 주 안에서 죽은 사람들의 상태이다. 바울은 하나님이 신자들로 하여금 영광에 이르도록 역사해 오신 것을 알았기에, 죽음에 대해서 세상 사람들처럼 탄식하는 것이 아니라 죽음 조차도 생명에 삼킨 바 될 것을 알았다.

183

그리스도인은 그리스도를 자신의 생명으로서 소유하고 있으며, 또한 자신의 의로움으로서 소유하고 있다. 이 사실은 죽음 이후에도 마찬가지이다. 그러므로 우리는 항상 담대함으로 가지고, 몸으로 있을 때에는 주와 따로 있는 줄을 알고 있다(고후 5:6). 우리는 이 땅에서 질그릇처럼 그리스도를 생명, 곧 영생으로 소유하고 있지만, 이 땅에서 사는 동안은 주님과 떨어진 채 살고 있다. 짐 진 것 같이 탄식하며 살고 있지만 이 질그릇을 벗어나는 날, 우리는 주님과 함께 하게 될 것이다. 주님과 함께 거하는 것은, 더 좋을 것인가 아니면 더 나쁠 것인가? 그리스도 예수 안에 있는 생명의 성령, 그리고 생명의 능력으로서 성령님을 이미 소유하고 있는 그리스도인이, 과연 아무 것도 모른 채 잠을 자게 될 것인가? 그리스도 안에 있는 이 생명 안에서 역사하는 능력을 경험했던 그리스도인이 죽음을 앞두고 가지고 있는 담대함이, 그저 망연자실한 죽음일 뿐인가, 아니면 죽음이 생명에 삼키우게 될 것이란 확신인가? 우리를 짐 진 것 같이 탄식하게 했던 이 장막을 벗어나게 되면 무엇이 있는가? 그리스도께서 우리의 생명이심을 기억하라. 그리스도께서 사셨기에, 우리도 살 것이다. 우리가 죽게 되면, 과연 우리는 그리스도와 끊어지게 되는 것인가? 우리 속에서 그리스도도 잠을 자게 되는 것인가? 사도 바울은 빌립보서 1장에서 이것을 이렇게 표현했다. "내가 그 둘 사이에 끼었으니 차라리 세상을 떠나서 그리스도와 함께 있는 것이 훨씬 더 좋은 일이라 그렇게 하고 싶으나"(빌 1:23) 여기서 사도 바울이 말하고 싶어 하는 것이 무엇인가? 그것은 그리스도와 함께 하는 것이다. 사도 바울은 그리스도께서 자신의 생명이시며, 또한 전적으로 그리스도를 위하여 사는 것의 복된 즐거움을 알았다. 따라서 자신이 죽지 않고 계속 사는 것도 가치 있는 일임을 확신했다. 그럼에도 더 좋은 것이 무엇인지를 알고 있었다. 그렇다면 그것이 과연 그리스도나 그 밖의 것에 대해 아무 것도 모른 채 잠을 자는 것이었을까? 그리스도에 대해서 생각하지도 못하고, 자신의 기쁨이자 소원이었던 그리스도를 섬기는 가능성도 없이, 그저 잠에 빠져 전혀 그리스도를 모르는 상태에 들어가는 것이었을까? 과연 그것이 사도 바울이 그리스도와 함께 하는 것이 이 땅에서 그리스도를 섬기는 것보다 더 좋을 뿐만 아니라, 육신으로 이 세상에 사는 것도 가치 있는 일이지만 주님이 계신 곳에 있는 것이 더 큰 기쁨이라고 말했을 때, 의미하는 바였을까? 만일 내가 누군가를 만나 그와 함께 하는 것이 기쁨이 된다고 했을 때, 그것이 다만 잠을 자는 것이고 무의식 상태에 빠지는 것을 의미하는 것으로 누가 생각할 것인가? 우리는 그보다 더 좋은 것을 기대할 수 있다. 십자가에 달린 강도가 그처럼 기념될만한 순간에, 주님에 대한 믿음을 고백했을 때, 주님은 그에게 "오늘 네가 나와 함께 낙원에 있으리라"(눅 23:43)고 선언하셨다. 주님이 그에게 약속하신, 주와 함께 낙원에 있게 되는 것은 그에게 행복이 아니었던가? 그것이 과연 잠을 자게 되고 아무 것도 의식하지 못하는 상태에 들어가는 것을 의미하는 것이었을까? 이러한 생각은 참으로 어리석고, 그리스도의 말씀의 본질을 왜곡하는 것일 뿐이다. 이 부분은 누가복음에서 볼 수 있다. 누가복음은 그리스도를 기다리는 경건한 남은 자들을 위해서 기록되었고, 그들을 매우 아름다운 그림으로 그리고 있다. 그들은 반역적이고 불신앙으로 가득한 이스라엘 백성들 가운데서 하나님이 숨겨둔 보배와 같은 사람들이다. 따라서 누가는 복음전도자로서, 인자(the Son of man) 속에 있는 하나님의 은혜를 증거하고, 현재 역동적으로 역사하는 은혜에 대해서 기술하고 있다. 누가는 그리스도의 족보를 아담에게까지 거슬러 올라가면서, 누가복음 전체를 통해서 인자께서 자기 속에 있는 은혜를 통해서 사람들을 축복하시고, 이제는 찬송을 받으시는 인자의 모습을 천상적인 방법으로 제시하고 있다.

184

누가복음은 마태복음처럼 세대적인 주제를 다루고 있지 않고, 다만 은혜, 현재적인 은혜, 천상적인 은혜를 복음으로써 풀어내고 있다. 그리고 이 주제는 바울의 증거와 사도행전에까지 관통하고 있다. 이제 십자가에 달린 강도가 그리스도를 주로 고백했을 때 나타난 은혜의 능력과 믿음의 가장 밝고도 아름다운 그림은, 이 세상의 모든 것과 대조적이었기 때문에, 이스라엘 백성들조차도 감히 생각조차 하지 못했던 것이었다. 그 강도는 십자가에 달린 자신이 그리스도의 왕국에 들어갈 것을 확신했으며, 그리스도 안에서 그처럼 복된 확신을 가지고 그 날에 자신을 기억해달라고 기도했다. 주님은 누가복음의 전체적인 기조를 따라 "너는 그리 오래 기다릴 필요 없다."고 말씀하셨다. 그리곤 "내가 오늘 은혜로 너를 구원하노라. 바로 오늘 네가 나와 함께 낙원에 있으리라."고 말씀하셨다. 낙원은 지복(至福; 더 없는 행복)을 누리는 곳으로서, 그리스도의 사람들에게 합당한 장소를 가리킨다. 그렇다면 낙원은 세상을 떠난 그리스도인이 들어갈 장소이며, 지복至福을 누리며 그리스도와 함께 하는 곳을 가리킨다. 세상을 떠난 성도가 몸을 떠나 주와 함께 하는 곳이다. 어떤 사람들은 성경 본문을 다음과 같이 읽음으로써 참담한 거짓말을 하고 있다. "내가 진실로 오늘 네게 이르노니 네가 나와 함께 낙원에 있으리라(Verily I say unto thee this day, thou shalt be with me in paradise.)" 하지만 성경은 "내가 진실로 네게 이르노니 오늘 네가 나와 함께 낙원에 있으리라(Verily I say unto thee, To day shalt thou be with me in paradise.)"고 말한다. 성경을 이렇게 읽는 것은, 누가복음의 전체 기조를 무시하고 본문의 전체적인 특징을 파괴하는 것이며, 성경 구절의 순서를 바꿈으로써 그 의미를 변질시키는 것이다. 성경구절의 앞부분에 있는 "오늘"이란 말은 십자가의 강도가 "당신의 나라에 임하실 때"라고 말한 것에 대한 대답을 강조하기 위한 것이다. 그리고 주님은 단호한 대답으로 "내가 진실로 네게 이르노니"라고 말씀하셨다. 여기에 "오늘"이란 말을 더하신 것은, 그리스도께서 자기 나라에 임하실 때 기억해달라는 소원을 품은 강도의 요청을 단순히 묵살하는 표현에 불과한 것일까? 그렇지 않다. 주님은 자신이 중대한 말씀을 하실 때마다 사용하신 "진실로"라는 말로, "그때까지 기다릴 것 없다. 바로 오늘 너는 나와 함께 낙원에 들어갈 것이다."는 확증을 하신 것이다. 그렇다면 어떤 사람들이 주장하는 "내가 진실로 오늘 네게 이르노니"라는 말은 무슨 의미가 있는가? 바로 주님이 확증하신 말씀의 확실성을 파괴하고 있다. 하지만 성경이 말하는 대로, "내가 진실로 네게 이르노니 오늘 네가 나와 함께 낙원에 있으리라"는 말씀은 강도의 소망이 성취되었음을 확증해줄 뿐만 아니라, 우리가 이 세상을 떠나 그리스도와 함께 거하게 될 때, 세상의 그 어떤 기쁨보다 더 큰 기쁨이 우리를 기다리고 있음을 우리에게 계시하고 있다. 유대인들은 악하게도 안식일 문제로 강도의 다리를 꺾게 함으로써 예언의 말씀을 성취시켰고, 그렇게 구속의 역사가 완성되었다. 그 결과로 강도는 낙원에 들어갈 자격을 은혜에 의해서 얻게 되었다. 이제 이 사실은 스데반의 죽음에도 적용될 수 있다. 스데반은 하늘에 계신 그리스도를 보았고 자신의 영혼을 받아 주실 그리스도를 바라보았다. 스데반은 낙원에 들어간 것일까? 아니면 다만 그의 봉사와 사역을 마친 채 잠에 빠져버린 것일까?

따라서 중간 상태는 아직 영광에 들어간 상태가 아니다. (우리는 신령한 몸을 받기까지 기다려야 한다. 신령한 몸을 받는다는 것은 영광 가운데 부활하게 될 것을 의미하며, 우리의 낮고 천한 몸을 그리스도의 영광스러운 몸의 형체와 같이 변화되는 것을 가리킨다.) 우리가 영광에 들어가는 것은 조금도 거룩하지 못한 악이 없는 복된 상태를 의미한다. 이것은 말로 표현할 수 없을 정도의 기쁨과 근원인, 그리스도와 함께 하게 되는 것을 의미한다. 사도 바울과 스데반이 항상 담대한 가운데 소망했던 그리스도와 함께 하는 일은 결코 좌절되지 않을 것이며, 또한 주님이 강도에게 약속하셨던 일도 실패하지 않을 것이다. 그렇다면 이제 나는 묻고 싶다. 고린도후서 5장, 빌립보서 1장, 그리고 사도행전 7장에서 언급하고 있는 밝은 소망과 주님이 강도에게 하신 약속이 아직도 영혼이 잠을 자는 것이며, 그래서 아무 것도 모르는 상태에 빠져드는 것인가? 나는 종종 「영혼의 잠」이란 표현이 비유적인 설명이라는 말을 듣는다. 물론 어느 정도는 사실이다. 그렇지만 그것이 사람의 영혼이 잠을 자게 되고 그래서 아무 것도 모르는 상태에 빠져드는 것이라고 주장한다면, 그러한 주장에 전혀 동의할 수 없다. 게다가 만일 고린도후서 5장 6-8절, "우리가 항상 담대하여 몸으로 있을 때에는 주와 따로 있는 줄을 아노니 이는 우리가 믿음으로 행하고 보는 것으로 행하지 아니함이로라 우리가 담대하여 원하는 바는 차라리 몸을 떠나 주와 함께 있는 그것이라"는 구절이 그리스도와 함께 하게 될 행복을 의미하는 것이라면 그것은 우리가 죽을 때 바로 그리스도와 함께 하게 되는 행복을 의미하는 것이어야만 한다. 여기서 주제는 사실 죽음이다. 왜냐하면 사도 바울은 고린도후서 1장에서 "힘에 겹도록 심한 고생을 당하여 살 소망까지 끊어지는" 경험을 했기 때문이다. 그래서 몸을 떠나 주와 함께 하고픈 열망이 있었다. 여기서 몸을 떠나 주와 함께 하는 것은 부활을 가리키지 않는다. 그저 (육신의) 몸을 떠나는 것을 의미하며, 결코 (신령한) 몸을 취하는 것이 아니다. 몸을 떠나 그리스도와 함께 하는 것은 그리스도의 재림이나, 몸의 부활, 또는 영광스러운 몸으로 변화되는 것을 의미하지 않는다. 다만 죽는 것을 의미할 뿐이다(빌 1:21). 사는 것과 죽는 것이 20절에서 대조적으로 나타나 있다. 따라서 떠난다는 말은 죽음을 의미한다. 여기서 사용된 단어는 아날루오(analuo)이며, 이 단어는 빌립보서 1장 23절에 사용되었다. "세상을 떠나서"(analuo, 빌 1:23). 마찬가지로 아날루시스(analusis)라는 단어는 디모데후서 4장 6절에 사용되었는데, 이것도 역시 죽음을 의미하는 단어이다. "나의 떠날"(analusis, 딤후 4:6). 가끔 아날루오와 아날루시스라는 단어를 그리스도의 재림에 적용하려고 하는 사람들이 있는데, (왜냐하면 이 단어들은 '축제를 끝내고 그 자리를 떠나다' 또는 '축제를 파하다' 라는 의미를 가지고 있기 때문이다. 하지만 그러한 해석은 너무도 기발한 생각이다.) 그렇게 하는 것은 성경 본문의 사용 용례와는 맞지 않는다. 그 두 단어는 하나로 묶인 것을 풀다 또는 해체하다는 의미를 가지고 있으며, 종종 죽음을 의미하는데 사용된다. 빌립보서 1장이나 디모데후서 4장은 조금도 이 문제에 대한 의심의 여지를 남기고 있지 않다. 누가복음 23장 43절, 빌립보서 1장 20-23절을 굳이 다르게 해석하려는 시도, 즉 본래 의미를 벗어나 왜곡시키려는 의도는 도무지 변경할 수 없는 본문이 가지고 있는 확고한 의미만을 강화시켜줄 뿐이다.

세상을 떠난 우리의 영은, 그 방식에 대해선 알 수 없지만, 어찌하든지 아무런 어려움 없이 그리스도를 기뻐하며 즐거워할 것이다. 나의 영은, 이 낮고 천한 질그릇 같은 몸 안에 있지만, 그럼에도 지금 그리스도를 기뻐하고 있다. 우리는 그리스도를 눈으로 보지 못하나 말로 표현할 수 없는 영광스러운 즐거움으로 기뻐한다(벧전 1:8). 지금 그리스도를 기뻐하는 것은 나의 몸이 아니라 나의 영이다. 이 질그릇 같은 몸으로 인해서 방해를 받고 또 몸으로 있을 때에는 주와 따로 있지만, 그때에는 질그릇 같은 몸의 방해 없이 주님과 함께 있게 될 것이다. 신자는 몸을 떠나게 되면 주와 함께 있게 될 것을 확신하면서 마음의 안식을 누릴 수 있다. 주님과 함께 하는 것이 기쁨이라면, 그러한 기쁨은 정녕 자신의 몫이 될 것이다. 아무도 주의 오심과 주를 기다리는 것과 몸의 부활에 대해서 염려할 필요가 없다. 다시 한번 강조하지만 성도들은 하늘에서 자신의 자리가 있다. 성도들은 하나님을 향해 죽은 자들이 아니라 산 자들이기 때문이다. 우리가 세상을 떠날 때 그리스도와 함께 하는 말할 수 없는 기쁨과 복 때문에, 죽는 것도 유익한 일이 될 것이다. 침상에서 죽음을 맞이하는 많은 성도들에게 하늘의 빛이 둘러 비추는 것을 여러 차례 보았다. 성경은 세상을 떠나 그리스도와 함께 있게 될 성도의 행복에 대해서, 이 땅에서 가장 성공적인 사역과 봉사의 삶 보다 더 나은 것으로, 더 큰 기쁨으로 소개하고 있다. 장차 그리스도께서 오셔서 자신의 피값으로 구속한 모든 성도들을 자기와 같은 영광스러운 몸으로 변화시킨 후 영광 가운데 있게 하실 것이다. 이렇게 영광 가운데 들어가는 것은 영원한 복락의 최종적이고도 충만한 상태를 가리키며, 어린 양의 혼인식을 마친 후 우리는 영광 가운데 영원히 주와 함께 있을 것이다.

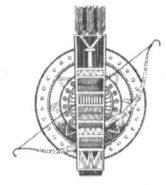

제 4장
딸을 잃은 어머니에게 보내는 세 통의 편지*

Death for a Christian:

Three Letters to a Mother and Her Daughter

373

첫 번째 편지

친애하는 자매님에게,

  그렇습니다. 딸을 잃은 슬픔은 당신의 가족에겐 크나큰 고통이며 큰 상실감을 가져다주었습니다. 이렇게 말씀드리는 것이 어떨지 모르겠지만, 오랜 동안 저는 그리스도 안에 있는 사람으로서

---

* 이 글은 편지의 글이기에 표현을 경어체로 바꾸었습니다.

죽음에 익숙한 채로 지내어 오고 있었습니다. 제 마음에선 죽음이란 그리스도인에게 미소와 함께 찾아옵니다. 물론 죽음이란 그 자체로 끔찍한 일이긴 하지만 그럼에도 죽는 것도 유익한 것입니다. 하나님은 우리를 완전한 빛 가운데 영접하실 것입니다. 우리 때문에 그리스도는 생명의 길을 죽음을 통과해서 만드셨습니다. 우리에겐 죽음의 고통이 필요치 않습니다. 왜냐하면 죽음은 완전히 정복되었기 때문입니다. 만일 우리가 죄악과 더러움의 세상에서 나와 하나님의 존전 앞에 있는 빛과 완전한 기쁨의 영역으로 들어가야 한다면, 바로 그때 사망을 이기고 승리하신 그리스도께서 우리와 함께 하십니다. 하나님과 조화되지 않는 무언가가 있다면 매우 고통스러운 순간이 될 것입니다. 왜냐하면 우리 영혼은 우리를 위해 예비된 천상적인 기쁨에 반응해야만 할 것이기 때문입니다. 이제 죽음 그 자체는 죽을 것이 죽지 아니함을 입는 것이며, 우리 영혼이 예수님의 임재 안으로, 빛 안으로 들어가는 것입니다. 더럽고 무질서한 모든 것과 작별하는 것입니다. 그것은 과연 어떠한 기쁨일까요? 나중에 우리는 능력과 썩지 아니하고 쇠하지 아니하는 영광스러운 불멸의 몸을 입을 것입니다. 잠시 잠깐 후에 그렇게 될 것입니다.

넘치는 사랑으로 당신의 모든 자녀에게 문안합니다. 그들이 감당해야 할 상실감을 저도 동일하게 느낍니다. 당신이 사랑했던 딸이 집에서 차지했던 자리가 크게 느껴질 것입니다. 그녀는 지금 그리스도와 함께 하는 기쁨을 누리고 있습니다. 우리는 확신 가운데 그렇게 말할 수 있습니다. 이 사실은 아직 이 땅에서 순례의 길을 가는 사람들에겐 위로가 됩니다. 아담의 자녀로서 우리를 이 땅에 동여매었던 끈을 끊어내신 하나님은 우리를 천상에서 맞이해주십니다. 그리스도께서 우리를 위해 처소를 예비해주셨습니다. 따라서 모든 것이 지금보다 훨씬 더 좋을 것입니다. 슬픈 마음을 가진 모든 가족들에게 하나님께서 이 사실로서 위로해주시길 빕니다.

374

당신의 딸을 생각하면서 이 짧은 서신을 써보았습니다. 너무 긴 것은 아닌가 염려도 되네요. 하지만 편안한 시간에 이 편지를 읽는다면, 하나님의 선하심을 통해서 이 짧은 말들이 위로가 되고, 새로운 힘을 얻게 될 줄로 확신합니다. 그리스도를 더 많이 생각하면 영혼이 힘을 얻을 것입니다. 하나님께서 당신을 복주시고 딸을 잃은 상실감 가운데서도 하나님의 선하심을 더욱 누릴 수 있게 해주시기를 기도합니다.

두 번째 편지

주 안에서 사랑하는 자매님께,

당신이 세상을 떠나기 전에 한번 보기를 간절히 바랬습니다. 하지만 완전한 사랑으로 만사를 조율하시는 하나님께서 달리 역사하시는 듯 합니다. 이제 당신은 나보다 먼저 하늘나라에 가게 되었습니다. 죽음은 하나님의 뜻과 상관없이 일어나는 우연한 사건이 아닙니다. 죽음은 더 이상 우리를 다스리지 못합니다. 부활하신 주님이 사망의 열쇠를 가지고 계십니다. 주님이 죽음과 우리를 대적하던 모든 것에 대해 완전하고도 최종적인 승리를 하셨기에, 우리를 위한 완전한 해방이 있다는 것을 아는 것은 얼마나 큰 복인지요! 우리는 몸의 구속을 제외하고 완전한 해방을 받았습니다. 따라서 우리는 악이 그 권세를 휘두르는 영역에서 벗어나 사랑 가운데서 하나님의 얼굴에 있는 광채가 빛을 발하는 영역으로 옮겨졌습니다. 그곳엔 빛과 사랑만 있습니다. 그곳은 완성된 구속의 역사를 통해서 영광을 받으신 그리스도로 말미암아 하나님이 무한히 베푸시는 호의로 가득한 곳입니다.

그리스도의 사역에 대한 응답으로 하나님이 이러한 완전함 가운데 나타나실 필요가 있었습니다. 하나님이 사랑 안에서, 영광 안에서, 그리고 기쁨의 표현 가운데서 그리스도의 사역에 대해 반응하는 것은 합당한 것이었습니다. 사랑 안에서 그리스도의 하나님과 아버지의 이름이 그 밝은 광채 가운데 계시되었습니다. "주께서 내게 응답하시고 들소의 뿔에서 구원하셨나이다"(시 22:21) 그리스도는 아버지의 영광을 인하여 죽은 자 가운데서 다시 살리심을 받았습니다. 그리고 그 이름을 형제들에게 선언하시고 교회 중에서 아버지를 찬송했습니다(히 2:12).

이러한 것들이 몇 가지 특징들을 살펴봄으로써 당신에게 제시하고픈 요점들입니다. 그렇지 않으면 다소간 추상적으로 보일 수 있는 내용들입니다. 이 모든 은혜가 당신에게 속해 있습니다. 하나님은 사람이신 그리스도를 위하여 이 모든 은혜를 우리에게 베푸십니다. 왜냐하면 그리스도께서는 죄 문제를 해결하심으로써 하나님을 영화롭게 하셨기 때문입니다. 따라서 하나님은 그리스도를 영광의 자리에 앉게 하셨고, 그리스도는 자기 영혼의 수고의 열매인 당신을 위하십니다. 그러므로 친애하는 자매여, 그 사실을 생각해보시기 바랍니다. 게다가 그리스도는 우리를 위해서 이루신 일을 통해서 우리에게 무한히 사랑스러운 분이 되셨습니다. 그리스도는 우리를 무한히 사랑하셨기에 자기 목숨을 내어주셨습니다. 그리스도 안에 있는 것 가운데 당신의 것이 아닌 것은 하나도 없습니다. 친히 자신을 내어주는 것 외에 무엇을 더 줄 수 있을까요? 그리스도는 자신을 우리에게 주셨습니다. 이것은 과연 어떠한 선물입니까!

375

얼마 전에 그리스도를 생각하면서 당신에게 몇 자 적어 보았습니다. 당신은 기쁨으로 충만한 그리스도인이 아닙니다. 저는 그 사실을 충분히 이해합니다. 어쩌면 징계 가운데 있는 것일 수도 있습니다. 그리스도께서 당신의 영혼 속에 마땅히 차지하셔야 하는 자리를 차지하고 있지 못하기 때문이 아닌가 생각합니다. 당신도 알다시피, 저는 아무 것도 숨기고 싶은 마음이 없습니다. 하지만 그것이 전부는 아닙니다. 당신은 하나님의 은혜를 충분히 확신하고 있지 않습니다. 당신의 영혼과 하나님의 사랑 사이에는 구름이 끼어 있습니다. 그럴 것이라고 짐작하고 있습니다. 하지만 은혜, 예수님의 깊고도 완전한 사랑, 그 사랑은 우리의 모든 허물을 덮고도 남습니다. 그 사랑이 우리의 모든 죄들을 위해서 주어졌고, 그 사랑은 우리의 연약을 감당함으로써 그 자체의 완전성을 나타내고 있습니다. 당신은 그 사랑을 충분히 생각지 못하고 있습니다. 그 신적인 사랑과 구주의 인품으로 당신의 마음을 가득 채우십시오. 예수님께서 채우실 것입니다. 그렇다면 당신은 평안을 누릴 것이며, 또한 기쁨을 느낄 것입니다. 기쁨 보다는 평안이 더 중요하다는 점을 말씀드리고 싶습니다. 외형적인 것보다는 내적으로 깊은 기쁨을 습관적으로 누릴 수 있기를 바랍니다.

만일 예수님이 우리 마음의 중심에 계신다면, 우리 안에 있는 악의 모든 자취를 제거해주실 것이며, 우리는 그리스도 안에서 하나님을 앞에 모신 삶을 살 수 있을 것이고, 당신의 기쁨은 내적인 깊이가 있을 것입니다. 그렇게 되기를 바랍니다.

그렇다면 당신의 마음은 예수님 자신으로 가득하고, 그분의 사랑과 또한 그분의 은혜에 대한 감각으로 충만해질 것입니다. 주 예수님은 당신을 구원하셨고, 당신을 깨끗이 씻어주셨으며, 당신의 생명이 되셨습니다. 이는 당신으로 하여금 하나님을 기뻐하도록 하기 위한 것입니다. 하나님 자신 외에 무엇을 더 소유하고 싶으십니까? 당신은 하나님이 주시는 평안을 통해서 하나님의 선하심을 볼 수 있으며, 그러한 방법으로 하나님은 당신을 돌보시고 보호하십니다.

나에게 죽음은 잠시 잠깐 후면 하늘 가족 전체가 다 모이게 될 것이지만, 다만 먼저 가는 것에 불과합니다. 즉 죽음은 우리가 사는 장소를 다른 곳으로 옮기는 것뿐입니다. 곧 모두를 보게 될 것입니다. 우리를 참으로 악하고 비참한 세상에 이런 저런 모양으로 얽매어두었던 모든 것에서 완전히 벗어나, 모든 것이 완전하기만 한 빛의 나라에 있는 우리 자신을 발견하는 것은 얼마나 복된 일일까요! 그러므로 하나님의 사랑을 신뢰하십시오. 다시 말씀드리지만, 그리스도는 우리와 순전한 빛 사이를 가로막고 있던 모든 것을 완전히 제거하셨습니다. 그 빛에 합당하지 못한 모든 것을 우리에게서 완전히 제거해주셨습니다. 우리 주님은 얼마나 선하신지요! 이 어떠한 은혜인지요! 당신은 곧 그분과 함께 하게 될 것입니다. 이 얼마나 복된 일인지요!

그러므로 자매여, 기뻐하십시오! 우리는 곧 그곳에서 만날 것입니다. 모든 수고를 그치고 곧 순전한 영광과 사랑 안으로 들어갈 것입니다. 당신은 다만 우리보다 먼저 그곳에 들어가는 것 뿐입니다. 다른 사람들도 이 땅에서 자신의 사명을 마치고 하늘에 들어갈 것이니, 그곳에서 우리를 기다려주세요.

376

하나님이 당신과 함께 하십니다. 신실하고 선하신 예수님의 임재가 당신을 지키고 당신의 마음을 기쁨으로 가득하게 해주실 것입니다. 저는 이처럼 길게 쓴 편지가 당신을 피곤하게 하지 않을 것이라고 확신합니다. 당신에게 하고 싶은 말은 참으로 많습니다. 하지만 잠시 후면 제가 이렇게 설명하는 것보다는 더 확실하게 당신이 직접 경험하게 될 것입니다. 이것은 참으로 기뻐할 만한 충분한 이유가 됩니다. 평강이 있기를 바랍니다. 하나님께서 당신을 축복해주시고, 당신의 마음에 선을 행하시길 기도합니다.

세 번째 편지

친애하는 자매님에게,

　당신의 사랑하는 따님이 이미 하늘나라에 갔다는 소식을 들었습니다. 몇 차례 서신을 주고 받을 수 있도록 허락해주신 점에 대해 감사를 드립니다. 서신을 주고 받으면서 그녀를 진심으로 사랑할 수 있었고, 그녀의 전 생애 가운데 성령님이 역사하신 흔적이 매우 분명한 것을 볼 수 있었습니다. 제가 "진심으로"라고 말할 때, 그것은 단순한 감정을 표현하는 말이 아닙니다. 그저 친구로서 고인이 된 사람을 그리워하는 감정을 표현하기 위해서 하는 말이 아니라, 하나님이 그 영혼 속에 일으키신 하나님의 참된 역사를 보고, 그 영혼의 실제적인 경험을 확증하기 위해서 표현한 말입니다. 이 사실은 무덤 주변에 장식으로 세워둔 화환보다 더욱 값진 것입니다. 당신의 사랑하는 딸의 죽음이 당신의 가족 모두에게 채울 수 없는 텅빈 공간을 만들었다는 것을 잘 알고 있습니다. 하지만 하나님이 그 빈 공간을 채우실 것입니다. 하나님이 모든 것을 알맞게 해주실 것입니다. 그녀는 이제 아버지 옆에 안장되었습니다. 그녀의 썩어질 몸은 땅 속에 묻혔습니다. 하지만 그들은 함께 부활할 것입니다. 이 세상을 떠날 때 순서가 있는 것은 아니지만, 부활의 날에는 함께 부활하게 될 것입니다. 하나님을 찬송합시다. 우리는 같은 날 무덤에서 일어나게 될 것입니다.

먼저 가신 사랑하는 형제님을 생각할 때, 약간의 기쁜 마음이 드는 것은, 더 이상 걱정도 고통도 없는 곳에서 잠시 쉬다가 다시 깰 것이란 점입니다. 그는 주님을 가까이 따르고 있을 것이며, 그의 딸도 함께 있을 것입니다. 다만 그들은 이 험난한 세상을 떠나 무덤 속에서 안식하고 있는 것입니다.

나보다 어린 사람들이 죽는 것에 대해선 조금 다른 느낌이 있습니다. 한 때는 내 자신에게 다음은 '내 차례가 될 것이다.' 라는 말을 하곤 했습니다. 이제는 죽는 사람에 대해서, 주님의 임재 가운데 나보다 먼저 들어가는 사람이라는 인식이 생겼습니다. 어려서 죽든, 나이 들어서 죽든 그것이 무슨 차이가 있을까요? 나는 다만 주님이 오실 때까지 이 땅에서 섬기도록 남겨지는 것이기에, 혹 섬김이 부족하면 어떻게 되나 하는 걱정이 있습니다. 나의 삶을 주님을 섬기는 일에 헌신하거나 아니면 그저 허송 세월을 보내거나 둘 중 하나입니다. 이 얼마나 큰 특권과 책임인지요! 이러한 특권을 실현시킬 방법을 아는 사람은 분명한 특권 의식을 가지고 이 세상을 순례자로 살아갈 것입니다. 그렇다면 전체적으로 시간을 버는 것도 유익한 일이 될 것입니다.

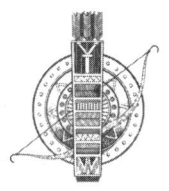

제 5장
영원한, 형벌, 그리고 지옥

Dr. Farrar on "Everlasting," , "Damnation" and "Hell."

130

상당히 허세가 담긴 문체로 자신이 마치 완전한 지식을 가진 듯이 자랑하면서, 또는 하나님과 구주와 심지어 천사들 앞에서 나름대로 책임감을 가진 듯이 말하고 있는 파라 박사(Dr. Farrar)는 바울이 디모데후서 5장 21절에서 말하고 있는 "택하심을 받은 천사들"에 대해 언급하면서, 죽은 자들의 영혼과 관련해서 "형벌(damnation)", "지옥(hell)" 그리고 "영원한(everlasting)"이라는 말이 영어 성경에서 사용되어서는 안된다고 강조했다.

캐넌 파라 박사보다는 부족한 지식을 가지고 있지만, 하나님을 경외하는 마음과 선한 양심을 가지고 감히 말하건대, 그가 말한 것은 전적으로 근거 없는 추론에 불과하다. 그 구절에 대한 주석을 다는데 굳이 그리스어 또는 헬라어에 대한 지식을 동원하고 싶지는 않다. 사실 그리스어와 헬라어 모두 캐넌 파라 박사가 "영원하다"는 단어를 사용한 용례를 반박하고 있기에 그럴 필요를 전혀 못 느낀다. 이 단어를 사용하고 있는 한 구절만 인용하더라도, 온갖 그럴듯하게 이유를 달고 있는 그의 진술은 잘못된 것임이 확연히 드러난다. "우리가 주목하는 것은 보이는 것이 아니요 보이지 않는 것이니 보이는 것은 잠깐(프로스카이라)이요 보이지 않는 것은 영원함(아이오니아)이라"(고후 4:18) 즉 영원한 것은 잠깐 있는 것과는 반대의 것이다.

더 인용할 필요가 있는가? 독자들이 직접 성구사전을 이용해서 영원한 생명(eternal life) 또는 영원한(eternal)이라는 단어를 찾아보라. 과연 "영원한"이라는 단어를 찾을 수 없는가? 그리스도의 신성한 인격 안에 있는 "영원한 생명"이 아버지와 함께 계셨다(요일 1:2). "영원하신 성령"(히 9:14)이란 말은 어떤가? 하나님은 우리를 자기의 영원한 영광 속으로 부르셨다(벧전 5:10). 하나님은 세세토록 살아계시는(계 4:10), 영원하신 하나님이시다(롬 16:26). 더 많은 구절을 인용해보일 수도 있다. 하지만 이 정도로 충분하다고 본다. 자신의 선한 양심과 높은 지적 수준을 자랑하고 싶었던 파라 박사는 사실상 이 단어에 대해서 무지와 부정직성을 보여준 것이다. 파라 박사는 구약성경 시편 90편 2절 "영원부터 영원까지 주는 하나님이시니이다"라는 구절에서 "영원"이라는 단어를 빼고 싶었던 것일까? 로마서 1장 20절 "하나님의 영원하신 능력과 신성"은 잘못된 것인가? 영원한 영광(딤후 2:10), 영원한 구원, 영원한 구속, "영원하신 하나님 여호와, 땅 끝까지 창조하신 이"는 모두 잘못된 구절들인가?

131

"형벌(damnation)"이란 영어 단어는 성경이 번역될 당시에는, 지금보다 훨씬 넓은 의미로 사용되었다. 고린도전서 11장 29절 "주의 몸을 분별하지 못하고 먹고 마시는 자는 자기의 심판(damnation)을 먹고 마시는 것이니라(KJV 참조)"에서, 이 단어는 최종적인 심판과 대조적인 의미로 사용되었다. 성경번역자들은 헬라어에서 사용된 하나의 단어를 영어성경에서는 여러 가지 형태로 번역했고, 여러 본문에서 다양한 의미로 사용함으로써 연결고리가 모호하게 되었다. 요한복음 5장 24-29절을 보면, "심판(condemnation; 정죄)에 이르지 아니하나니", "심판(judgment)하는 권한을 주셨느니라", "심판(damnation; 형벌)의 부활로 나오리라"에 사용된 헬라어는 모두 크리시스(krisis)가 사용되었고, 형벌이란 말도 한번만 사용되었다. 이 사실이 파라 박사의 주장의 본질에 영향을 주지는 않는다. 그는 이 단어를 현대 영어로만 국한해서 말하고 있기 때문이다. "형벌(damnation)"이란 단어는 영어 성경에서 대부분 심판의 의미로 사용되었다. 마태복음 23:14(더 큰 심판), 마가복음 12:40(그 받는 판결), 누가복음 20:47(더욱 엄중한 심판), 로마서 3:8(정죄), 13:2(심판), 디모데전서 5:12(정죄) 등. 그리고 고린도전서 11장 29절은 세상과 함께 정죄함을 받지 않기 위해서 자신의 정죄(또는 심판)를 먹고 마시는 것으로 제시되고 있다. 물론 이러한 심판이 영원한 정죄를 내포하고 있긴 하지만, 여전히 이 단어는 심판을 의미한다.

크리마(krima)라는 단어가 사용된 것보다 더 강한 의미를 가진 단어가 있다. 이 단어는 최종적이고, 절대적인 정죄를 의미하는데, 바로 카타크리마(katakrima)라는 단어이다. 사람이 정죄를 받되 최종적인 법정선언에 의해서 정죄를 받는 것을 의미한다. 우리는 이 단어를 두 군데에서 발견할 수 있는데, 로마서 5장 16절 "심판(크리마)은 한 사람으로 말미암아 정죄(카타크리마)에 이르렀으나"와 18절 "그런즉 한 범죄로 많은 사람이 정죄(카타크리마)에 이른 것 같이"이다. 그리고 "그러므로 이제 그리스도 예수 안에 있는 자에게는 결코 정죄함(카타크리마)이 없나니"(롬 8:1) "의롭다 하신 이는 하나님이시니 누가 정죄(카타크리마)하리요"

(롬 8:33,34) "우리가 판단을 받는 것은 주께 징계를 받는 것이니 이는 우리로 세상과 함께 정죄함(카타크리마)을 받지 않게 하려 하심이라"(고전 11:32) 여기서는 부분적으로 지상에서 받는 심판과 최종적이고 절대적인 정죄가 대조되고 있다. 그러므로 이것은 내가 주장한대로 단순한 "형벌"을 의미하는 단어가 아니다. 물론 파라 박사가 자신의 설교에서 주장하고 있는 그런 의미도 아니다. 왜냐하면 이 형벌(damnation)이라는 단어는, 영원한 정죄를 의미하지는 않을지라도 영어 성경 여러 곳에서 사용되는 단어이기 때문이다. 하지만 현대 영어에서 이 단어가 본래 가지고 있는 영원한 정죄는 심판과는 대비해서 독특한 의미를 전달해주고 있다. 따라서 이 단어는 사도가 말한 "영원한 심판"(히 6장), "영원한 형벌, 또는 영벌"(마 25장), "주의 존전을 떠나는 영원한 멸망"(살후 1장), "사하심을 영원히 얻지 못하고 영원한 죄"에 처하게 되는 것(막 3:29) 등에서 사용되었다. 악인은 불못에 참여함으로써 영원한 형벌을 받게 될 것인데, 이로써 모든 것이 마치게 된다(게고네; gegone). 따라서 영원한 형벌은 만물이 오메가로서 완성될 때, 최종적으로 이루어지는 일이다.

132

따라서 카타크리마는 단순히 심판을 의미하는데 사용되는 단어가 아니다. 본래 한정된 의미를 가지고 있지 않았다. 마가복음

3장 29절에서, 이 단어는 심판(크리시스)의 의미를 가지고 있는데 (우리 성경에는 죄로, 흠정역은 정죄로 번역되었음), 이것은 영원하고, 결론적이고, 절대적이고, 최종적인 심판을 의미한다. 이 단어는 성경에서는 정확하게 사용되었지만, 현대 영어에서는 다른 의미를 가지게 되었다.

또 다른 단어는 지옥(hell)이란 단어이다. 불행하게도, 두 개의 헬라어가 동일하게 지옥이란 말로 번역되었다. 즉 하데스(Hades)와 게헨나(Gehenna)라는 단어이다. 하데스는 세상을 떠나간 영혼이 일시적으로 머무는 곳을 의미하며, 다만 음부(the unseen world)로만 알려져 있다. 게헨나는 결코 꺼지지 않는 불구덩이를 의미한다. 이 단어는 어원학적으로, 힌놈의 골짜기를 가리키는데 이스라엘 사람들은 그곳에서 자기 자녀를 몰록에게 제물로 바쳤으나 요시야 왕이 그곳을 파괴했다. 그곳은 예루살렘의 온갖 부정하고 더러운 것들을 불사르기 위해서 끊임없이 불길이 솟아올랐고, 도벳(Tophet)으로도 불렸다. 따라서 우리는 이사야서에서 "대저 도벳은 이미 (옛부터) 설립되었고 또 왕을 위하여 예비된 것이라 깊고 넓게 하였고 거기 불과 많은 나무가 있은즉 여호와의 호흡이 유황 개천 같아서 이를 사르시리라"(사 30:33)는 구절과 "그들이 나가서 내게 패역한 자들의 시체들을 볼 것이라 그 벌레가 죽지 아니하며 그 불이 꺼지지 아니하여 모든 혈육에게 가증함이 되리라"(사 66:24)는 구절을 보게 된다. 이것은 표면적으로는, 실제적이고 역사적인 사실이었다. 끊임없이 타오르는 불구덩이가 있었고, 그 태우는 재료는 시체들이었다. 따라서 이 게헨나를 스올 또는 하데스와 혼동해서는 안된다. 이곳은 시온산과 예루살렘 남쪽에 위치한 소위 악한 자들의 회합의 언덕이라고 불리는 곳 사이에 있는 실제 계곡의 이름이었다. 이곳은 전통적으로 예수님을 심문했던 대제사장 가야바의 집이 있는 곳으로 알려져 있다. 이 계곡은 부정한 것들을 소각하는 꺼지지 않는 불이 있던 장소로, 이사야 66장의 말씀처럼 그 불이 꺼지지 아니하여 모든 사람들에게 혐오감을 안겨주던 곳이었다. 그래서 이곳은 끔찍한 심판을 상징하는 곳으로 사람들에게 회자되었고, 또한 게헨나로 불리었다. (영어식으로 말하자면 지옥을 의미한다.) 따라서 문자적인 의미로는 힌놈의 골짜기를, 상징적인 의미로는 지옥을 의미하게 된 것이다. 그리고 이 단어는 마태복음 5:22, 29, 30, 10:28, 18:9, 23:15, 33, 마가복음 9:43, 45, 47, 누가복음 12:5, 야고보서 3:6에서 사용되었다.

마태복음 5장에서 이 지옥이라는 단어는, 문자적으로 힌놈의 골짜기를 의미하는 것이 아니라 "지옥 불에 들어가게 되리라"(22절), "온 몸이 지옥에 던져지는 것"(29절), "네 백체 중 하나가 없어지고 온 몸이 지옥에 던지우지 않는 것이 유익하니라"(30절) 등에서 보는 것 같이 상징적으로 사용되고 있는 것을 볼 수 있다. "몸은 죽여도 영혼은 능히 죽이지 못하는 자들을 두려워하지 말고 오직 몸과 영혼을 능히 지옥에 멸하시는 자를 두려워하라"(마 10:28) 이 구절 또한 힌놈의 골짜기를 말하지 않는다. 힌놈의 골짜기는 영혼을 멸하지 못한다. 이것은 마지막 심판과 형벌의 장소를 상징적으로 표현하고 있다. 마태복음 18장 9절의 지옥은 마태복음 5장의 지옥과 같다. 마태복음 23장 15절은 지옥 자식이 나오는데, 이것은 본질적으로 지옥에 속한 사람, 지옥에 들어갈 운명을 가진 사람을 의미한다. 마태복음 23장 33절 "뱀들아 독사의 새끼들아 너희가 어떻게 지옥의 판결(크리세오스, kriseos)을 피하겠느냐" 는 구절은 그들이 심판에 의해서 정죄 받는 자리에 들어가 있는 것을 의미한다. 마가복음 9장 43-48절을 읽어보라. 여기서 우리는 우리에게 올무가 되는 것들, 즉 지옥의 형벌을 받는 자리로 우리를 이끌어가는 것들을 아끼지 말고 제거하거나 희생할 수 있어야 한다는 교훈을 받는다. 그렇지 않으면, 꺼지지 않는 불 속으로, 또한 구더기도 죽지 않고 불도 꺼지지 않는 곳으로 던져지게 될 것이다. 이것은 심판이며, 법정적인 선언에 의한 형벌을 가리킨다. 거기엔 희망도 없고, 쉼도 없고, 형벌이 중단되지도 않고, 또한 불도 꺼지지 않는다.

133

누가복음 12장에서 지옥은 (마치 잘 알려진 사실처럼) 하나님의 심판이 집행되는 장소로 소개되어 있다. 야고보서 3장 6절은 지옥이 순전한 악과 밀접하게 연결되어 있는 것을 보여준다. 그래서 지옥은 더러운 것들을 완전히 사르기 때문에 아무것도 없는 것처럼 (또는 악 밖에는 없는 것처럼) 보인다.

이 글을 읽어온 독자는 이제 의심 없이 영어에서 "지옥(hell)"으로 사용된 단어에 대한 충분한 지식을 가지게 되었을 것이다. 바라기는 더 이상 음부, 또는 보이지 않는 세계를 의미하는 단어인 하데스와 혼동하지 않기를 바란다. 지옥은 회개하지 않는 사람과 반역적인 악한 사람들을 하나님의 심판을 통해서 던져 넣는 장소를 가리킨다. 그곳은 벌레도 죽지 않고 불도 꺼지지 않는 곳이다. 벌레와 불이라는 인간에게 익숙한 표상이 사용되었다. 그것이 우리에게 강력한 인상을 준다는 사실만으로 충분하다. 지옥은 마귀와 그 천사들을 위하여 예비된 영원한 불이다. 하나님은 심판을 통해서 복음을 거절한 사람들을 지옥에 던져 넣으실 것이다. 그곳엔 용서가 없다. 하나님이 게고네(gegone)라고 말씀하시면, 최종 판결이 끝나는 것이다. 간음하는 자들과 거짓말을 좋아하는 사람과 거짓말을 지어내는 사람들은 지옥에 들어갈 것이다. 하데스는 게헨나가 아니다. 신약성경에서 게헨나는 한번도 힌놈의 골짜기로 사용된 예가 없다. 게헨나에 딱 들어맞는 영어 단어는 지옥(hell)이다. 지옥은 악만이 있는 곳이다. 따라서 지옥은 회복을 위한 모든 수단이 다 고갈된 후에 (하나님이 자기 아들을 내어주시기까지 최선을 다하심으로써 하나님과 화목하도록 간청했음에도 불구하고, 주 예수님을 거절하는 사람들이) 맞이하게 되는 최종적인 운명을 의미한다. 따라서 그러한 사람들에겐 지옥 꺼지지 않는 불에 의한 심판만이 남아 있다.

캐넌 파라 박사는 "영원한(everlasting)"이라는 말을 사용해서는 안된다고 말했는데, 그것은 틀렸다. "영원한"이라는 단어 외에 시간의 한계가 없고 일시적이지 않다는 의미를 가지고 있는 단어, 즉 거기에 상응하는 다른 영어 단어는 없다. 형벌(damnation)이란 단어도 성경에서 없애야 한다는 그의 주장도 잘못되었다. 앞에서 살펴본 대로 이 단어는 영어 성경에서 그 의미가 확실하게 번역되지 않은 것은 사실이다. 그렇다고 문제가 되는 것은 아니다. 현재 이 단어는 완전하고도 최종적인 정죄를 의미하는 말로 사용되고 있다. 그래서 부분적인 심판과는 대조적으로 사용되고 있다.

134

마지막으로, 지옥(hell)이란 말은 그 의미하는 대로 순전히 영어 단어로써, 신약성경에서 게헨나와 상응하는 말이다. 원어의 박식함을 자랑하면서 지옥은 없다고 말하는 사람들은, 실제로는 신약성경의 언어 사용에 대해 무지하거나, 아니면 하나님의 엄중한 진리들을 왜곡하려는 비양심적인 사람이거나, 둘 중 하나이다.

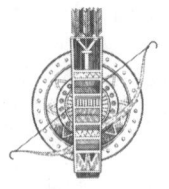

역자 후기

죽음 이후 신자의 영혼은 어떻게 되는가? 신자의 영혼은 어디로 가는가?

이 주제에 대하여 궁금한 분들이 많을 줄로 압니다. 존 넬슨 다비는 이 주제에 대하여 명확한 성경의 가르침을 우리에게 주고 있습니다. 다비의 글을 우리 말로 옮기면서 역자는 신자의 죽음 이후 영혼의 상태에 대한 성경적인 가르침을 확고히 할 수 있었고, 장차 몸의 부활과 더불어 임하게 될 영광에 대한 비전을 분명히 할 수 있었습니다.

이에 독자들의 이해를 돕기 위해 이상의 내용을 정리해보고자 합니다.

영혼수면설
성경에서는 신자의 죽음과 더불어 잔다는 표현이 적잖이 등장

합니다. (막 5:39, 눅 8:52, 요 11:11, 행 7:60, 고전 11:30, 15:6, 18, 51, 살전 4:13, 14,15, 벧후 3:4). 이 모든 성경의 표현들은 과연 영혼수면설*을 지지할까요? 이미 살펴본 대로, 영혼수면설은 성경의 가르침이 아닙니다. 다만 잔다는 표현은 죽음의 다른 표현일 뿐입니다.

음부

누가복음 16장 19-31절에 보면, 영혼은 오히려 죽음 이후에 더욱 깨어있게 됩니다. 게다가 두 가지 운명으로 나누어지는 것을 볼 수 있습니다. 한 사람은 음부에서, 고통 중에, 불꽃 가운데서, 고통 받는 곳으로 들어갔고, 다른 사람 즉, 나사로는 천사들에게 받들려 아브라함의 품에 들어갔습니다. 죽음은 이렇게 한 영혼을 두 가지 상태, 두 가지 운명 가운데 하나에 처하도록 갈라놓습니다. 여기 부자가 들어간 곳은 불신자가 들어갈 곳이며, 나사로가 들어간 곳은 바로 거듭난 그리스도인들이 들어갈 곳입니다. 나사로가 들어간 곳을, 성경은 아브라함의 품이라고 불렀습니다. 이는 아브라함이 모든 믿는 자의 조상이기 때문에 신자의 영혼이 사후세계에 들어가게 될 때 아브라함이 맞이해주기 때문이 아닌가 생각합니다.

---

* 영혼이 육체의 죽음과 부활 사이에 잠을 잔다는 믿는 교리

이제 불신자인 부자가 들어간 곳을 표현하는 성경의 언어를 살펴봅시다. 음부, 고통, 불꽃, 고통 받는 곳으로 묘사하고 있습니다. 반면 신자인 나사로가 들어간 곳을 표현하는 성경의 언어를 살펴봅시다. 아브라함의 품입니다. 게다가 신자가 들어간 아브라함의 품을, 성경은 낙원이라고 부르고 있습니다(눅 23:43).

불신자의 영역과 신자의 영역

예수 그리스도의 십자가 죽음 이전, 모든 영혼은 죽음 이후 음부에 내려갔습니다(창 37:35, 민 16:30, 33, 왕상 2:9, 시 9:17, 사 14:15). 불신자와 신자 모두 음부에 들어간 것입니다. 그런데 이 음부는 불신자의 영역과 신자의 영역으로 나누어져 있었고, 이 둘 사이에는 큰 구렁(great gulf)이 놓여 있어서 서로 오고 갈 수 없었습니다. 불신자는 불꽃 가운데서 고통을 받게 됩니다. 신자는 낙원에서 위로를 받습니다. 그럼에도 음부는 세상을 떠난 영혼이 일시적으로 머무는 곳임을 알아야 합니다.

스올, 하데스, 게헨나

음부는 구약성경을 기록한 언어인 히브리어로는 스올(sheol), 신약성경을 기록한 언어인 헬라어로는 하데스(hades)입니다. 요한계시록 20장 11-15절을 읽어보면, 이 음부도 지옥 불못(lake of fire)에 던져지게 됩니다. 장차 음부에 들어간 모든 불신자들의 영혼이 백보좌 심판대 앞에서 심판을 받고 영원한 지옥 불못에 들어가는 것을 볼 때, 음부는 불신자들의 영혼이 일시적으로 머무는 장소임이 틀림없습니다. 즉 음부(하데스)는 죄인이 재판을 받기 전에 일시적으로 머무는 일종의 구치소이며, 지옥(게헨나)은 죄인이 재판을 받고 난 후 형벌을 받기 위한 교도소에 해당하는 것입니다.

낙원

예수님의 십자가 죽음과 부활 이후, 신자들의 영혼이 머무는 장소인 낙원의 위치에 변화가 일어났습니다. 이미 살펴보았듯이, 예수님의 죽음과 부활 이전, 낙원은 음부와 같은 장소에 있었습니다. 하지만 지금 낙원은 어디에 있을까요? 신자가 죽음을 맞이하게 되면, 신자의 영혼은 내려갈까요? 올라갈까요?

성경 여기 저기에 흩어져 있는 죽음 이후 영혼의 상태에 대한 구절들을 모아보면 선명한 그림이 그려집니다. 분명 예수님의 십자가 죽음 이전, 낙원은 땅 아래 곳에 있었습니다. 그래서 구약성경을 읽어보면 죽음과 관련해서 영혼이 음부(스올)에 내려간다는 표현이 다수를 차지하고 있습니다. 하지만 신약성경은 신자의 영혼이 세상을 떠나면 주님께로 간다고 표현하고 있습니다. 즉 하늘로 올라가는 것입니다.

그렇다면 낙원의 장소가 땅 아래 곳에서 하늘로 옮겨진 것인가요? 그렇습니다. 누가복음 23장을 읽어보면, 주 예수님은 십자가에 달린 강도와 더불어 그 날 죽음 이후 즉시 낙원으로 내려가셨습니다(눅 23:43). 하지만 주 예수님이 부활하시면서 신자들의 영혼을 사로잡고 낙원을 하늘로 옮기셨습니다. "그러므로 이르기를 그가 위로 올라가실 때에 사로잡힌 자를 사로잡고 사람들에게 선물을 주셨다 하였도다 올라가셨다 하였은즉 땅 아래 곳으로 내리셨던 것이 아니면 무엇이냐 내리셨던 그가 곧 모든 하늘 위에 오르신 자니 이는 만물을 충만케 하려 하심이니라"(엡 4:8-10)

낙원의 현재 위치: 하늘

지금 낙원은 하늘에 있으며, 신약시대를 살아가는 우리 그리스도인들은 죽음 이후 하늘에 있는 낙원으로 갑니다. 그곳에서 구속을 받은 우리 영혼은 주님을 만나게 됩니다. 사도 바울은 셋째 하늘에 이끌려 간 체험을 했습니다(고후 12:1-4). 그리고 낙원이 셋째 하늘에 있음을 증거했습니다. 따라서 사도 바울은 자신이 만일 죽게 된다면 주님과 함께 있게 될 것으로 기대했습니다(고후 5:1-9). 따라서 신약성도의 영혼은 죽음 이후 하늘에 있는 낙원으로 올라가게 됩니다.

낙원의 의미: 임시 휴게소

낙원(樂園)은 기쁨의 동산이며, 또한 희락의 정원으로 성도들의 영혼이 안식하는 장소입니다. 게다가 나를 사랑하사 자기 목숨까지 내어주신 주님과 함께 거하는 장소입니다. 그럼에도 낙원은 우리 신자들이 들어갈 최종적인 장소가 아니라, 임시 휴게소와 같습니다. 왜냐하면 모든 신자는 다 그리스도의 심판대에 서게 될 것이고, 그 후에 상급 시상식을 거치게 되어 있기 때문입니다. 따라서 낙원은 모든 올림픽 경기 참여자들이 최선을 다하고 경기를 마친 후, 곧 이어질 시상식을 기다리면서 잠시 쉬는 휴게소와 같습니다.

그리스도의 재림

그리스도께서 재림하시면, 성도들은 부활의 몸을 입게 됩니다. 그때까지 주 안에서 죽음을 맞이한 성도들의 영혼은 죽음과 부활 사이에서 "중간 상태(intermediate state)"에 있게 됩니다. 성도들은 영광스러운 부활의 날을 고대하고 있는 것입니다. 무덤에 묻혔던 썩어지고 욕되고 약하고 천한 몸은 썩지 않고 영광스럽고 강하고 신령한 몸으로 변화될 것입니다(고전 15장). 따라서 성경에서 말하는 부활은 몸의 부활을 가리킵니다. 잠을 잔다는 표현도 몸이 누워있는 휴식 상태를 가리키는 말입니다(고전 15:51). 하지만 그리스도께서 재림하시는 날, 우리 신자들의 몸은 하늘에 속한 자의 형상으로 변화되고 영광스러운 몸을 입게 될 것입니다.

그리스도의 심판대

그리스도의 공중 재림과 더불어 죽었던 성도들이 먼저 일어나고 살아 있는 성도들이 휴거되면, 우리는 다 공중에서 주님을 만나게 될 것입니다(살전 4:15-18). 그리고 그리스도의 심판대가 하늘에서 펼쳐지게 됩니다. 신앙의 삶은 신자에게 올림픽 경주와 같습니다(히 12:1). 다 달린 후에 이기는 자들에게 주시는 면류관이 우리를 기다리고 있습니다. 우리의 모든 삶은 의로우신 재판장이신 주님으로부터 평가를 받게 될 것입니다(고전 3:12-15, 딤후 4:8). 그러므로 신자는 구원받았으니까, 천국가는 티켓을 가졌으니까 이제는 하늘나라에 간다는 식으로만 생각하면서 안이한 신앙생활을 해서는 안됩니다. 오히려 우리 앞에 당한 경주를 하듯이 신앙생활을 해야 합니다. 거룩한 삶, 성화를 이루는 삶을 살아야 하며, 우리에게 주신 성령의 은사를 힘써 사용해서 그리스도의 몸된 교회의 유익을 위한 봉사의 삶을 살아야 합니다. 모든 성도가 다 상을 받을 것으로 생각해서는 안됩니다. "운동장에서 달음질하는 자들이 다 달아날지라도 오직 상 얻는 자는 하나인 줄을 너희가 알지 못하느냐 너희도 얻도록 이와 같이 달음질하라"(고전 9:24). 우리의 섬김과 봉사는 "양 보다는 질"에 대한 시험이 있을 것입니다(고전 3:12-15). 성경은 이기는 자가 받게 될 상급에 대해서 엄중하게 교훈하고 있습니다(고전 9:25-27, 딤후 2:5, 히 12:1).

천년왕국의 통치

우리 성도들의 몸이 영광스러운 몸으로 변화를 입고, 시상대를 통해서 면류관을 받는 것은, 이제 그리스도와 더불어 이 땅에서 시작되는 하나님의 새로운 경륜인 천년왕국의 통치에 참여하기 위한 것입니다. 예수 그리스도는 하나님 나라의 임금이시며 왕이십니다(행 5:31, 17:7, 계 1:5). 예수 그리스도의 왕 되심은 초대 교회가 전한 복음의 중심이었습니다(행 2:36, 계 11:15). 하지만 오늘날 많은 그리스도인들이 예수 그리스도의 구주되심만을 인정할 뿐 왕되심을 인정하지 않는 경향이 있습니다. 예수 그리스도를 통치할 영토 또는 왕국이 없는 명목상의 왕 정도로만 생각하는 것입니다. 그래서 이 땅에 세워지는 하나님 나라, 천년왕국에 대한 교리를 믿지 않고 무천년주의를 신봉하고 있습니다.

하지만 성경은 그리스도께서 장차 만왕의 왕, 만주의 주님으로서 성도들과 더불어 세상을 다스리실 것을 분명히 말하고 있습니다. 게다가 면류관을 받음으로써 자격을 갖춘 성도들은 그리스도와 공동 왕으로서 통치할 것입니다(딤후 2:12, 계 5:10, 20:4,6, 22:5). "이 첫째 부활에 참여하는 자들은 복이 있고 거룩하도다 둘째 사망이 그들을 다스리는 권세가 없고 도리어 그들이 하나님과 그리스도의 제사장이 되어 천 년 동안 그리스도로 더불어 왕 노릇 하리라"(계 20:6)

윌리암 펜(1644-1718)은 "십자가를 견디는 고통 없이는 면류관을 얻지 못한다(No cross, no crown)"는 유명한 말을 남겼습니다. 모든 성도들은 주님을 향한 자신의 신실성에 따라 합당한 칭찬과 영광과 존귀를 얻고, 함께 통치할 자격과 권세를 얻게 될 것입니다.

백보좌 심판과 게헨나

천년왕국의 통치 기간 동안 사탄은 무저갱(bottomless pit) 또는 심연(abyss)에 갇혀 있다가, 천년통치가 끝날 무렵 잠시 풀려나올 것입니다. 나온 즉시 땅의 사방 백성들을 모아 성도들의 진과 주님이 사랑하시는 성을 공격하는데, 이 때 하늘에서 불이 내려 그들을 소멸시킬 것입니다. 그리고 하늘과 땅이 사라지고 백보좌 심판대(judgment of a great white throne)가 준비됩니다. 마귀와 그를 따르던 악한 천사들은 불과 유황으로 타는 게헨나(지옥)에 던져지고, 모든 불신자들이 사망과 음부에서 나와서 백보좌 심판을 받게 됩니다. 이 백보좌 심판대는 오직 불신자들만을 대상으로 한 것으로, 그들의 이름이 생명책에 기록되지 않았음을 확인한

후, 그들의 행위대로 심판을 받고 게헨나 불못에 던져질 것입니다 (계 20:11-15).

게헨나는 영원한 형벌이 집행되는 장소입니다. "거기는 구더기도 죽지 않고 불도 꺼지지 아니하느니라 사람마다 불로서 소금 치듯 함을 받으리라"(막 9:49-49). 게헨나 지옥은 무섭고 두렵고 끔찍스러운 곳입니다. 결코 가서는 안되는 곳입니다.

게헨나, 지옥 불못에 들어가는 이유는 그 이름이 생명책에 기록된 적이 없기 때문입니다. 성경은 "누구든지 생명책에 기록되지 못한 자는 불못에 던지우더라"(계 20:15)고 선언하고 있습니다. 이 구절은 독자들이 엄중하게 생각해야 하는 하나님의 말씀입니다. 그리고 스스로에게 물어야 할 것입니다. 나는 과연 생명책에 이름이 기록되었는가? 나의 이름이 진짜 생명책에 있는가?

이에 대한 확신이 없다면 자신이 진짜 거듭났는지 부터 확인해 보아야 합니다.*

---

* 「거듭남」에 대해서는 형제들의 집에서 출간한 "이것이 거듭남이다", "당신은 진짜 거듭났는가", "구원 얻는 기도"를 참고하시기 바랍니다.

영원한 상태

그리고 나서 다시 저주가 없고 하나님과 그 어린양의 보좌가 그 중심을 차지하고 있는 영원한 상태에 들어가게 됩니다. 오직 하나님의 종들이 하나님을 섬기면서 세세토록 왕노릇하게 될 것입니다(계 22:1-5).

이상과 같이, 신자의 죽음은 이 세상을 떠나 낙원에서 안식을 누리고, 주와 함께 거하는 새로운 삶의 시작입니다. "만일 땅에 있는 우리의 장막 집이 무너지면 하나님께서 지으신 집 곧 손으로 지은 것이 아니요 하늘에 있는 영원한 집이 우리에게 있는 줄 아나니 과연 우리가 여기 있어 탄식하며 하늘로부터 오는 처소로 덧입기를 간절히 사모하노니"(고후 5:1,2) 그러므로 우리는 담대하게 차라리 몸을 떠나 주와 함께 거하는 것이 좋다고 말할 수 있습니다. 우리는 영생을 가진 하나님의 자녀로서 죽음을 이긴 승리를 가지고 있습니다. "사망아 너의 이기는 것이 어디 있느냐 사망아 너의 쏘는 것이 어디 있느냐"(고전 15:55) 이 얼마나 복된 확신입니까! 그러므로 우리는 죽음을 두려워할 필요가 없으며, 성도의 죽음에 대해서도 마냥 슬퍼할 이유가 없습니다.

그럼에도 우리는 그리스도의 심판대* 앞에 서게 될 것을 생각해야 합니다. 우리가 예수 그리스도를 믿고 난 이후 지금까지 어떠한 삶을 살아 왔으며, 또 앞으로 어떻게 살아갈 것인가를 깊이 생각해야 합니다. 왜냐하면 그 날에 우리의 신앙생활은 불에 의한 시험을 받게 될 것이기 때문입니다. 어떤 사람의 공력은 모두 불에 타버릴 것이기에 해(또는 손실)를 감당해야 될 것이며, 그렇다면 그 사람의 구원은 마치 불 가운데 얻는 구원(고전 3:15), 겨우 얻는 구원(벧전 4:18)에 불과할 것입니다.

그리스도인 중에는 심한 우울증 때문에, 자살을 생각하기도 하고, 심지어는 자살을 하는 경우도 있습니다. 그가 진실로 거듭난 그리스도인이라면 자살로 인해서 구원을 잃어버리지는 않겠지만 **(요 3:16, 5:24, 6:40, 10:28, 롬 6:23, 딤후 1:9, 요일 5:11, 5:13), 자신의 모든 공력이 불에 다 타버려서 마치 불에 타다 남은 장작과 같이 될 것이며, 불 가운데서 얻는 매우 부끄러운 구원이 될 것입니다(고전 3:11-15).

하지만 우리 앞에는 영광스러운 구원이 있습니다(고전 2:7, 고

---

* 「그리스도의 심판대」에 대해서는 형제들의 집에서 출간한 "이것이 그리스도의 심판대이다"를 참고하시기 바랍니다.

** 「구원의 안전성과 영원성」에 대해서는 전도출판사에서 출간한 "한 번 그리스도 안에 있으면 그리스도 안에 영원히", "구원의 안전 확신 기쁨", "영원한 안전", "구원의 확신을 갈망하는 이들에게" 등을 참고하시기 바랍니다.

후 3:18, 4:17, 살전 2:12, 딤후 2:10). 그러므로 우리도 사도 바울처럼 "나는 아직 내가 잡은 줄로 여기지 아니하고 오직 한 일 즉 뒤에 있는 것은 잊어버리고 앞에 있는 것을 잡으려고 푯대를 향하여 그리스도 예수 안에서 하나님이 위에서 부르신 부름의 상을 위하여 좇아가노라"(빌 3:14,14)고 고백하고, 우리 앞에 당한 경주를 경주해야 합니다. 우리 속에 착한 일을 시작하시고, 또한 마침내 친히 이루시는 하나님의 은혜가 독자들에게 함께 하기를 바랍니다.

형제들의 집 도서 안내

1. 조지 뮬러 영성의 비밀
   조지 뮬러 지음/이종수 옮김/값 1,000원
2. 수백만을 감동시킨 사람을 감동시킨 바로 그 사람: 헨리 무어하우스
   존 A. 비올리 지음/이종수 옮김/값 1,000원
3. 내 영혼의 만족의 노래
   W.T.P 윌스톤 지음/이종수 옮김/값 1,000원
4. 모든 일을 하나님의 영광을 위하여 하라
   해리 아이언사이드 지음/이종수 옮김/값 1,000원
5. 잃어버린 영혼을 위해서 어떻게 기도해야 하는가
   오스왈드 샌더스, 찰스 스펄전 지음/이종수 옮김/값 1,000원
6. 윌리암 켈리의 로마서 복음의 진수
   윌리암 켈리 지음/이종수 옮김/값 5,000원
7. 이것이 거듭남이다
   알프레드 깁스 지음/이종수 옮김/값 8,000원
8. 존 넬슨 다비의 영성있는 복음
   존 넬슨 다비 지음/이종수 옮김/값 5,000원
9. 로버트 클리버 채프만의 사랑의 영성
   로버트 C. 채프만 지음/이종수 옮김/값 5,000원
10. 영성을 깊게 하는 레위기 묵상
    C.H. 매킨토시 외 지음/이종수 옮김/값 5,000원
11. 존 넬슨 다비의 성경주석: 빌립보서
    존 넬슨 다비 지음/이종수 옮김/값 5,000원
12. 존 넬슨 다비의 히브리서 묵상
    존 넬슨 다비 지음/정병은 옮김/값 9,000원
13. 조지 커팅의 영적 자유
    조지 커팅 지음/이종수 옮김/값 4,000원
14. 윌리암 켈리의 해방의 체험
    윌리암 켈리 지음/이종수 옮김/값 3,000원

15. 존 넬슨 다비의 성경주석: 골로새서
존 넬슨 다비 지음/이종수 옮김/값 7,000원
16. 구원 얻는 기도
이종수 지음/값 5,000원
17. 영혼의 성화
프랭크 빈포드 호올 지음/이종수 옮김/값 1,000원
18. 당신은 진짜 거듭났는가?
아더 핑크 지음/박선희 옮김/값 4,500원
19. C.H. 매킨토시의 완전한 구원
C.H. 매킨토시 지음/이종수 옮김/값 4,600원
20. 존 넬슨 다비의 하나님의 뜻을 분별하는 법
존 넬슨 다비 지음/이종수 옮김/값 1,000원
21. 존 넬슨 다비의 성경주석: 요한계시록
존 넬슨 다비 지음/이종수 옮김/값 10,000원
22. 주 안에 거하라
해밀턴 스미스, 허드슨 테일러 지음/이종수 옮김/ 값 1,000원
23. C.H. 매킨토시의 하나님의 선물
C.H. 매킨토시 지음/이종수 옮김/값 4,000원
24. 존 넬슨 다비의 성경주석: 에베소서
존 넬슨 다비 지음/이종수 옮김/값 8,000원
25. 존 넬슨 다비의 영적 해방
존 넬슨 다비 지음/문영권 옮김/값 7,000원
26. 건강하고 행복한 그리스도인이 되는 법
어거스트 반 린, J. 드와이트 펜테코스트 지음/ 값 1,000원
27. 존 넬슨 다비의 성경주석: 로마서
존 넬슨 다비 지음/문영권 옮김/값 12,000원
28. 존 넬슨 다비의 성화의 길
존 넬슨 다비 지음/이종수 옮김/값 4,500원

29. 기독교 신앙에 회의적인 사랑하는 나의 친구에게
　　　　　　　　　로버트 A. 래이드로 지음/박선희 옮김/값 5,000원
30. 이수원 선교사 이야기
　　　　　　　　　더글라스 나이스웬더 지음/이종수 옮김/값 5,000원
31. 체험을 위한 성령의 내주, 그리고 충만
　　　　　　　　　　　　조지 커팅 지음/이종수 옮김/값 4,500원
32. 존 넬슨 다비의 성경주석: 갈라디아서
　　　　　　　　　　　　존 넬슨 다비 지음/이종수 옮김/값 4,800원
33. 존 넬슨 다비의 성경주석: 요한서신서·유다서
　　　　　　　　　　　　존 넬슨 다비 지음/문영권 옮김/값 8,000원
34. 존 넬슨 다비의 성경주석: 데살로니가전·후서
　　　　　　　　　　　　존 넬슨 다비 지음/이종수 옮김/값 8,000원
35. 그리스도와의 연합과 구원(성경공부교재)
　　　　　　　　　　　　　　　　　문영권 지음/값 2,500원
36. 그리스도와의 연합과 성화(성경공부교재)
　　　　　　　　　　　　　　　　　문영권 지음/값 3,000원
37. 사도라 불린 영적 거장들
　　　　　　　　　　　　　　　　　이종수 지음/값 7,000원
38. 당신은 진짜 하나님을 신뢰하는가
　　　　　　　　　　　조지 뮬러 지음/ 이종수 옮김/값 4,500원
39. 그리스도와 연합된 천상적 교회가 가진 영광스러운 교회의 소망
　　　　　　　　　　　존 넬슨 다비 지음/ 문영권 옮김/ 값 13,000원
40. 가나안 영적 전쟁과 하나님의 전신갑주
　　　　　　　　　　　존 넬슨 다비 지음/ 이종수 옮김/ 값 2,000원
41. 죄 사함, 칭의 그리고 성화의 진리
　　　　　　　　　　고든 헨리 해이호우 지음/ 이종수 옮김/ 값 2,000원
42. 하나님을 찾는 지성인, 이것이 궁금하다!
　　　　　　　　　　　　　　　　　김종만 지음/ 값 10,000원

43. 이것이 그리스도의 심판대이다
  이종수 엮음/ 값 8,000원
44. 존 넬슨 다비의 성경주석: 마태복음
  존 넬슨 다비 지음/이종수 옮김/값 16,000원
45. C.H. 매킨토시의 하나님에 관한 진실
  C.H. 매킨토시 지음/이종수 옮김/값 1,000원
46. 존 넬슨 다비의 성경주석: 여호수아
  존 넬슨 다비 지음/문영권 옮김/값 8,000원
47. 찰스 스탠리의 당신의 남편은 누구인가
  찰스 스탠리 지음/이종수 옮김/값 4,000원
48. 존 넬슨 다비의 성령론
  존 넬슨 다비 지음/이종수 옮김/값 13,000원
49. 존 넬슨 다비의 영적 해방의 실제
  존 넬슨 다비 지음/이종수 옮김/값 5,000원
50. 존 넬슨 다비의 주요사상연구: 다비와 친구되기
  문영권 지음/값 5,000원
51. 존 넬슨 다비의 죽음 이후 영혼의 상태
  존 넬슨 다비 지음/이종수 옮김/값 5,000원

형제들의 집 도서 안내

작지만 큰 책 - 소책자 시리즈

1. 조지 밀러 영성의 비밀
   조지 밀러 지음/값 1,000원
2. 수백만을 감동시킨 사람을 감동시킨 바로 그 사람: 헨리 무어하우스
   존 A. 비올리 지음/값 1,000원
3. 내 영혼의 만족의 노래
   W.T.P 월스톤 지음/값 1,000원
4. 모든 일을 다 하나님의 영광을 위하여 하라
   해리 아이언사이드 지음/값 1,000원
5. 잃어버린 영혼을 위해서 어떻게 기도해야 하는가
   찰스 스펄전 지음/값 1,000원
6. 영혼의 성화
   프랭크 B. 호올 지음/값 1,000원
7. 존 넬슨 다비의 하나님의 뜻을 분별하는 법
   존 넬슨 다비 지음/값 1,000원
8. 주 안에 거하라
   허드슨 테일러 지음/값 1,000원
9. 건강하고 행복한 그리스도인이 되는 법
   어거스트 반 린 지음/값 1,000원
10. 하나님에 관한 진실
    C.H. 매킨토시 지음/값 1,000원

존 넬슨 다비 시리즈

1. 존 넬슨 다비의 영성있는 복음
   존 넬슨 다비 지음/값 5,000원
2. 존 넬슨 다비의 히브리서 묵상
   존 넬슨 다비 지음/값 9,000원
3. 존 넬슨 다비의 영적 해방
   존 넬슨 다비 지음/값 7,000원
4. 존 넬슨 다비의 성화의 길
   존 넬슨 다비 지음/값 4,500원
5. 영광스러운 교회의 소망
   존 넬슨 다비 지음/값 13,000원
6. 가나안 영적전쟁과 하나님의 전신갑주
   존 넬슨 다비 지음/값 2,000원
7. 존 넬슨 다비의 성령론
   존 넬슨 다비 지음/값 13,000원
8. 존 넬슨 다비의 영적 해방의 실제
   존 넬슨 다비 지음/값 5,000원
9. 죽음 이후 영혼의 상태
   존 넬슨 다비 지음/값 5,000원

존 넬슨 다비의 성경주석시리즈

1. 마태복음
   존 넬슨 다비 지음/값 16,000원
2. 로마서
   존 넬슨 다비 지음/값 12,000원
3. 갈라디아서
   존 넬슨 다비 지음/값 4,800원
4. 에베소서
   존 넬슨 다비 지음/값 8,000원
5. 빌립보서
   존 넬슨 다비 지음/값 5,000원
6. 골로새서
   존 넬슨 다비 지음/값 7,000원

7. 데살로니가전・후서
   존 넬슨 다비 지음/값 8,000원
8. 요한서신서・유다서
   존 넬슨 다비 지음/값 8,000원
9. 요한계시록
   존 넬슨 다비 지음/값 10,000원
10. 여호수아
   존 넬슨 다비 지음/값 8,000원

경건 영성 시리즈

1. 로버트 클리버 채프만의 사랑의 영성
   로버트 C. 채프만 지음/값 5,000원
2. 조지 커팅의 영적 자유
   조지 커팅 지음/값 4,000원
3. 윌리암 켈리의 해방의 체험
   윌리암 켈리 지음/값 3,000원
4. 영성을 깊게 하는 레위기 묵상
   C.H. 매킨토시 외 지음/값 5,000원
5. C.H. 매킨토시의 완전한 구원
   C.H. 매킨토시 지음/값 4,600원
6. 이수원 선교사 이야기
   이수원 지음/ 값 5,000원
7. 체험을 위한 성령의 내주, 그리고 충만
   조지 커팅 지음/ 값 4,500원
8. 사도라 불린 영적 거장들
   이 종수 지음/ 값 7,000원
9. 당신은 진짜 하나님을 신뢰하는가
   조지 뮬러 지음/ 값 4,500원
10. 죄사함, 칭의, 그리고 성화의 진리
   고든 헨리 해이호우 지음/값 2,000원

11. 이것이 그리스도의 심판대이다
   이 종 수 지음/ 값 8,000원
12. 당신의 남편은 누구인가
   찰스 스탠리 지음/ 값 4,000원
13. 다비와 친구되기
   문 영 권 지음/ 값 5,000원

구원 확신 시리즈

1. 윌리암 켈리의 로마서 복음의 진수
   윌리암 켈리 지음/값 5,000원
2. 구원 얻는 기도
   이종수 지음/값 5,000원
3. 이것이 거듭남이다
   알프레드 깁스 지음/값 8,000원
4. 당신은 진짜 거듭났는가?
   아더 핑크 지음/값 4,500원
5. 사랑하는 나의 친구에게
   로버트 A. 래이드로/값 5,000원
6. C.H. 매킨토시의 하나님의 선물
   C.H. 매킨토시 지음/값 4,000원
7. 하나님을 찾는 지성인, 이것이 궁금하다
   김 종 만 지음/ 값 10,000원

성경공부 교재 시리즈

1. 그리스도와의 연합과 구원
   문 영권 지음/ 값 2,500원
2. 그리스도와의 연합과 성화
   문 영권 지음/ 값 3,000원